严富昌 —— 著

剪辑的秘密

The Secret Book of
Film and Television Editing

图书在版编目（CIP）数据

剪辑的秘密 / 严富昌著. —北京：北京大学出版社，2023.11
ISBN 978-7-301-34531-3

Ⅰ.①剪… Ⅱ.①严… Ⅲ.①影视艺术–剪辑 Ⅳ.①J932

中国国家版本馆CIP数据核字（2023）第182983号

书　　　名	剪辑的秘密 JIANJI DE MIMI
著作责任者	严富昌　著
责 任 编 辑	董郑芳
标 准 书 号	ISBN 978-7-301-34531-3
出 版 发 行	北京大学出版社
地　　　址	北京市海淀区成府路 205 号　100871
网　　　址	http://www.pup.cn
新 浪 微 博	@北京大学出版社　　@未名社科–北大图书
微信公众号	北京大学出版社　北大出版社社科图书
电 子 邮 箱	编辑部 ss@pup.cn　　总编室 zpup@pup.cn
电　　　话	邮购部 010-62752015　　发行部 010-62750672 编辑部 010-62753121
印　刷　者	涿州市星河印刷有限公司
经　销　者	新华书店 890 毫米×1240 毫米　32 开本　10.625 印张　彩插 3　187 千字 2023 年 11 月第 1 版　2023 年 11 月第 1 次印刷
定　　　价	58.00 元

未经许可，不得以任何方式复制或抄袭本书之部分或全部内容。
版权所有，侵权必究
举报电话：010-62752024　电子邮箱：fd@pup.cn
图书如有印装质量问题，请与出版部联系，电话：010-62756370

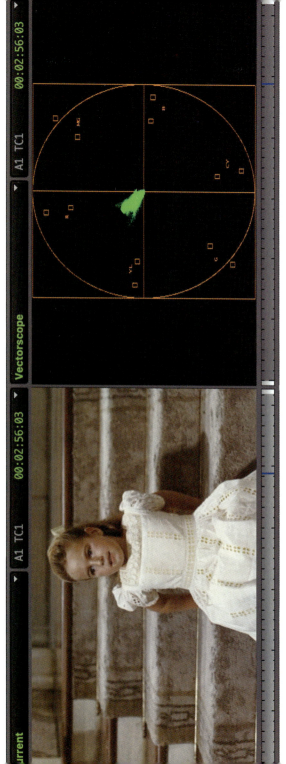

图1-2 通过矢量观测仪查看画面颜色偏向

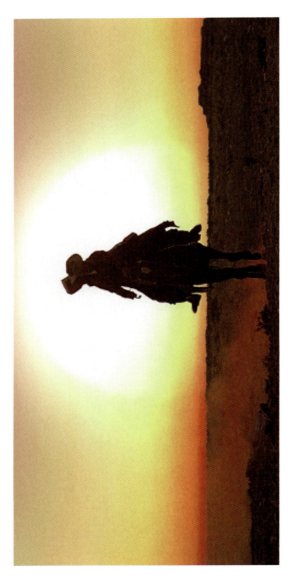

图1-4 影片《锦衣卫》中的片尾定格

第 2 篇 空间

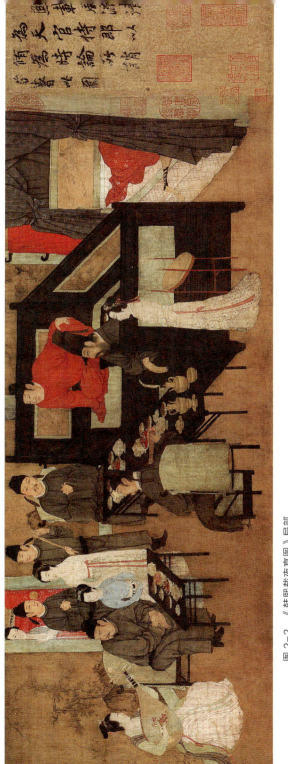

图 2-2 《韩熙载夜宴图》局部

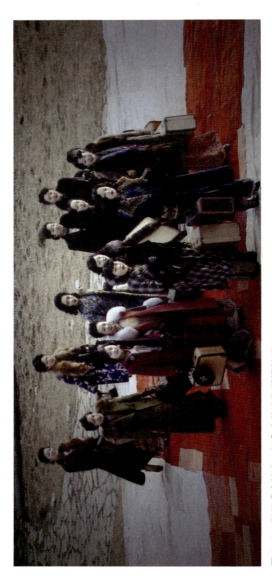

图 2-3 影片《金陵十三钗》中的人物透视关系

第4篇 结构

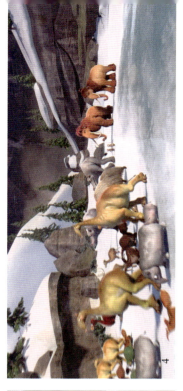
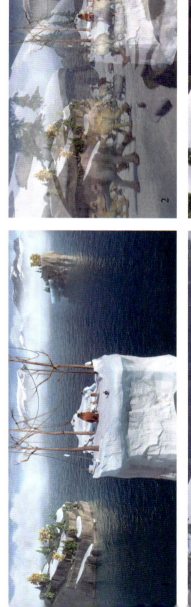
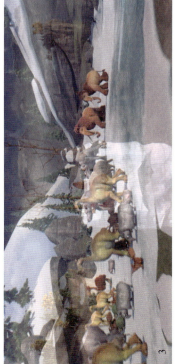

图 4-1 动画片《冰川时代 4》中的交叉叠化转场

目 录

第 1 篇　时间 / 1

1.1　时间的标识 / 3
- 1.1.1　什么是时间？/ 3
- 1.1.2　如何标识时间？/ 5
- 1.1.3　时间的精度 / 14
- 1.1.4　时间码 / 18

1.2　镜头的时间 / 25
- 1.2.1　时间对镜头的影响 / 25
- 1.2.2　镜头的时间基调 / 28
- 1.2.3　镜头的时间变调 / 32
- 1.2.4　倒放镜头 / 46
- 1.2.5　曲线变速 / 48

第 2 篇　空间 / 55

2.1　认识空间 / 57
2.2　物质空间 / 59
- 2.2.1　屏幕的形状 / 59

2.2.2 画面的景别 / 61
2.2.3 景别的心理意义 / 65
2.2.4 景别的选择 / 81
2.2.5 叙事空间 / 85

2.3 社会空间 / 89
2.3.1 空间透视 / 91
2.3.2 镜头角度 / 96
2.3.3 对话镜头的角度 / 106

2.4 心理空间 / 107
2.4.1 心理角度 / 108
2.4.2 心理角度的转换 / 115
2.4.3 心理蒙太奇 / 121

2.5 几种空间表现的区别 / 127

第 3 篇　顺序 / 129

3.1 顺序及其意义 / 131
3.1.1 什么是剪辑？ / 131
3.1.2 什么是顺序？ / 134
3.1.3 时间顺序 / 137
3.1.4 空间顺序 / 139
3.1.5 逻辑顺序 / 141
3.1.6 顺序关系 / 143

3.2 镜头叙事的顺序 / 146
　　3.2.1 开场 / 147
　　3.2.2 景人转换 / 150
　　3.2.3 主角确定 / 152
　　3.2.4 镜头叙事 / 152
　　3.2.5 镜头角度 / 154
　　3.2.6 轴线与越轴 / 157
　　3.2.7 三镜头法 / 168
　　3.2.8 分剪镜头 / 172
　　3.2.9 景别变换 / 174
　　3.2.10 结尾 / 178
3.3 剪辑流程 / 180
　　3.3.1 获取 / 180
　　3.3.2 整理 / 182
　　3.3.3 筛选 / 183
　　3.3.4 顺片 / 185
　　3.3.5 粗剪 / 188
　　3.3.6 精剪 / 189
　　3.3.7 混音 / 190
　　3.3.8 调色 / 191
　　3.3.9 检查 / 193
　　3.3.10 输出 / 194

第 4 篇　结构 / 195

4.1　叙事主线 / 197
4.1.1　线性叙事 / 197
4.1.2　非线性叙事 / 200
4.1.3　反线性叙事 / 213

4.2　情节剪辑 / 217
4.2.1　运动剪辑 / 217
4.2.2　喜剧剪辑 / 229
4.2.3　惊悚剪辑 / 235
4.2.4　情色剪辑 / 240
4.2.5　歌舞剪辑 / 242

4.3　情节过渡 / 248
4.3.1　无技巧转场 / 250
4.3.2　技巧转场 / 258

第 5 篇　声音 / 267

5.1　人声剪辑 / 270
5.1.1　对白配音 / 270
5.1.2　对白剪接 / 272
5.1.3　画外音 / 277

5.2　音乐剪接 / 279
5.2.1　音乐的节奏 / 281

5.2.2　音乐的情绪 / 283

　5.3　音响的剪接 / 285

　5.4　声音的过滤 / 290

　　　5.4.1　噪声的产生 / 291

　　　5.4.2　噪声的过滤 / 296

第6篇　字幕 / 303

　6.1　字幕样式 / 306

　　　6.1.1　硬字幕和软字幕 / 306

　　　6.1.2　静态字幕和动态字幕 / 307

　　　6.1.3　竖排字幕和横排字幕 / 308

　　　6.1.4　字幕的顺序 / 310

　6.2　字幕位置规范 / 311

　　　6.2.1　字幕安全框 / 312

　　　6.2.2　安全框范围 / 314

　6.3　字幕格式规范 / 320

　　　6.3.1　字幕字体 / 320

　　　6.3.2　字幕字号 / 322

　　　6.3.3　字幕颜色 / 323

　　　6.3.4　字幕排列 / 324

　6.4　字幕内容规范 / 326

　　　6.4.1　标点符号 / 326

6.4.2 公式与度量衡单位 / 327
6.5 字幕的长度和速度 / 328
    6.5.1 字幕长度 / 329
    6.5.2 字幕速度 / 330

第1篇 时间

1.1　时间的标识

1.1.1　什么是时间？

什么是时间？这是个好问题。视频剪辑也叫非线编辑，简称非编。这里所说的"线"，就是时间线。剪辑影视片时，剪辑师做的所有工作，都是在与时间打交道。对于视频剪辑而言，"时间"是非常基础却又非常重要的概念。

非常有趣的是，谁都知道时间，却很难说清楚。

亚里士多德认为："一切的变化和一切的运动事物皆在时间里。"[1] "时间不是运动，而是使运动成为可以计数的东西。"[2] "时间是关于前和后的运动的数，并且是连续的。"[3] "前"和"后"是以"现在"为单位，

---

[1]　〔古希腊〕亚里士多德：《物理学》，商务印书馆2009年版，张竹明译，第125页。

[2]　同上书，第115页。

[3]　同上书，第117页。

来计数运动的多少。时间表达正负排列，其内涵是无尽永前，其外延是对一切事物过程和产生顺序的度量。"无尽"是指时间没有起始和终结；"永前"是指时间的增量永远是正数。想想在视频剪辑软件的时间线窗口中，时间线是不是总是向右侧延伸，而不会向左侧延伸？因为，时间的增量永远是正数，不管你预设的是以"01:00:00:00"为起点，还是以"00:00:00:00"为起点，结果都是一样的。

爱因斯坦在相对论中提出，不能把时间、空间和物质三者分开解释。[①]"时"是对物质运动过程的描述，"间"指人为的划分，是对运动过程的分隔和切分。时间是思维对物质，是连续和不间断的。视频剪辑的内涵也是如此，就是将视频素材剪而辑之。"剪"就是截断视频素材原来的顺序和联系，从有序到无序；"辑"就是重新排列次第，建立起视频素材的先后顺序，从无序到有序。视频素材是物质的，但剪辑的依据和逻辑是思维的。

"时间"的比较标准的哲学定义是，物质运动和变

---

① 〔美〕阿尔伯特·爱因斯坦：《相对论》，易洪波、李智谋译，江苏人民出版社2011年版，第185—186页。

化的持续性和顺序性的表现,包含"时刻"和"时段"两个概念。用影视剪辑术语来说,时间的持续性叫"时距",就是剪辑时两个剪辑点之间的那段时间;时间的顺序性叫"时序",时序决定哪些片段在前面,哪些片段在后面。影视剪辑软件中的时间线还有一个别名,叫"sequence",翻译过来就是"序列"。"序"是排列次第,"列"是形成一行。序列不仅体现了片段在时间线上的位置和顺序,也体现了片段在时间线上的持续时间,是时刻和时段在时间线上的集中体现。

那么问题来了:时间到底是一个时刻,还是一段过程,抑或二者兼而有之?如果你还没有答案,那就请把上面的文字再读几遍。

1.1.2 如何标识时间?

时间是物理学中七个基本物理量之一。[①] 其他物理

---

① 在物理学中,用七个物理量的单位作为基本单位,再由其导出其他物理单位。这七个基本物理量分别是:时间,单位为秒;长度,单位为米;质量,单位为千克;电流,单位为安培;热力学温度,单位为开尔文;物质的量,单位为摩尔;发光强度,单位为坎德拉。

量都可以通过工具或者实验的方法测量，只有时间无法被测量，日常使用的钟表之类的计时器，只能算是时间的同步器，它们测量的并非时间本身。原因在于，时间单位不是通过测量得来的，而是通过计算得出的。时间的国际标准单位为秒。一秒的最初定义是一天（指平太阳日）的 $1/(24:60:60)$ 的时间。后来有了更科学的定义，即以铯 −133 原子基态的两个超精细能级之间跃迁所对应辐射的 9,192,631,770 个周期的持续时间为一秒。[①] 因此，标识时间就变得非常困难，至少不像长度、质量、电流、温度等那么容易被测量。

那么，过去人们是怎样标识时间的呢？中国古代哲学家用"五行"理论来说明世界万物的形成及其相互关系，当然也尝试过用它们来标识时间。所谓五行，即"金、木、水、火、土"五种基本元素，用于对世间万事万物进行取象比类。这五种基本元素都曾被古

---

① 起初，人们把一昼夜划分为 24 个小时，一个小时为 60 分钟，一分钟为 60 秒钟。但一昼夜的周期，即太阳日是变动的，所以人们定义一秒等于 $1/(24·60·60)$ 平均太阳日。后来人们又发现，地球公转周期也是变动的，时间单位就需要重新定义。随着科学技术的发展，科学家发现，原子在能级跃迁时，会吸收或发射一定频率的电磁波，其频率非常稳定，于是在 1967 年第 13 届国际计量大会上通过了上述定义。

人用来标识时间。

古代把铜的合金叫作"金",包括青铜、黄铜和红铜。如果没有强调指的是黄金,古人说的"金",指的就是铜。在特定的场合,"金"专指铜锣。所谓"鸣金收兵",意思就是敲锣撤兵。古人也用敲锣的方式来报时,巡夜的更夫敲几声锣,就代表是几更天。一夜分为五更,每更是一个时辰,相当于现在的两个小时。在人口众多的都市,锣声传播的距离太近,不能满足大范围报时的需求,人们就用撞钟来代替。现在很多城市仍然保留着古人报时的建筑——钟鼓楼。

作为报时工具的"木",一般是指梆子。梆子是用木头或竹筒做成的一种响器,配合铜锣一起使用。更夫用敲梆子来报点,一个时辰分为五点,每点相当于现在的24分钟。我们现在还保留着用"点"表示时间的习惯,只是其时间长度发生了变化。现在的"点"等同于半个时辰,也就是一个小时。在都市里,古人就通过击鼓来报时,钟鼓楼都建得比较高,可以让晨钟暮鼓传播得更加悠远。

可是,巡夜的更夫也好,钟鼓楼的执事也好,他们是从何知晓时间的呢?这就涉及另一种用"水"来计时的工具了。古人发明了一种用盛水的铜壶以滴漏的方式来计时的工具，叫作漏刻。漏，是指带孔的壶。盛满水的壶以滴漏的形式，把水漏到受水壶里，受水壶的水位就会不断升高，并带动浮标上升。受水壶的壶壁上带有刻箭，刻箭上标有刻度，浮标指示的刻度就是当下的时间。漏刻的优势是永不疲倦，可以不分昼夜地计时。我们常用"时光流逝"来形容时间过得很快，其实就来源于漏刻计时。有了刻箭这把标尺，计时就更加精确了。

漏刻用水作为计时的载体，是有天然缺陷的。尤其是在我国的北方，寒冷干燥的气候会导致水结冰、蒸发，严重地制约了漏刻的使用。于是，使用"土"计时的方式就诞生了，也就是沙漏。沙漏又叫沙钟，其制作原理与漏刻计时大体相同，它是根据流沙从一个容器漏到另一个容器的过程来计量时间的。沙子既不会结冰，又不会蒸发，用沙子作载体比用水更具有优势。

寻常百姓家是用不起漏刻或者沙漏的。他们的时间观念主要来自两个途径，一个是听声，另一个是看天，所谓鸡鸣五鼓或是日上三竿，就相当于人们日常作息的报时了。如果想要更精确一点的计时，古人就会用燃香法，也就是用"火"来计时。通常所说的"一炷香的工夫"，大约就是半个小时。

不管用金木水火土任何一种方式计时，都绕不开一个问题，就是如何授时。也就是如何确定初始时间，以及如何矫正时间的误差。古人主要靠圭表和日晷来辅助和修正授时。圭表和日晷的计时原理，是通过测量太阳光下影子的长度或者角度来计时的。

测量正午时刻标杆影子长短的工具叫作圭表。这根标杆叫作"表"。"为人师表""表率"中的"表"，本义指的就是这根标杆。圭表还包括一块南北方向平放着的带有刻度的平板，叫作"圭"，是用来测量表影长度的。"圭"是很古老的象形字，最早出现在商周时期的金文中。圭上有刻度，表影最短的那条线是夏至，最长的那条线是冬至，两者之间按二十四节气等分。圭的材质一般是铜。前面已经说过，过去把铜称为金。所以，古训"一寸光阴一寸金"，正是来源于此。人们很早就已经懂得用长度来标识时间了。

圭表是二十四节气的计时工具，时间范围太过粗略，要想计时精确一些，就得用到日晷。日晷的底座是个倾斜的圆盘，中间插一根垂直于圆盘的时针。圆盘被平分为十二等份，并用十二地支分别标识出来，每一份对应一个时辰，也就是两个小时，这样一天就是十二个时辰。一个时辰再分八个格子，每个格子就是一刻，也就是15分钟。时刻时刻，时是时，刻是刻，阳光下时针的影子落在哪里，就是几时几刻。可见，人们还会用角度来标识时间。

概括起来说，古代时间的标识方式无外乎两种：一种是把不可度量的时间转化成可度量的长度，利用长度标尺的刻度来标识时间，比如圭表和漏刻；另一种是把不可测量的时间转化成可测量的角度，利用圆盘上的角度来标识时间，比如日晷。

受此启发，非线编辑软件也使用长度和角度来标记影视工作中一些重要的数量关系。比如，软件的时间线窗口就是采用长度标尺来表示时间的。在时间线窗口中，播放指针在标尺上的位置表示时刻，标尺上入点和出点间的距离表示时段，如图1-1所示。有些非线编辑软件中的时间标尺不止一条。比如在图1-1中，EC标尺表示胶片的长度，加号前面的数值代表胶片长度的英尺数，加号后面的数值代表格数或帧数，EC时间码直接用长度来标记时间；TC标尺上有时间码，用冒号将其分隔成四段数字，从左到右依次是小时、分钟、秒钟和帧数。

在非线编辑软件中，既然时间用长度来标识，那么就可以用角度去标识其他的属性，比如声音和画面的属性。用角度标识的声音属性叫声像，英文名称是"pan"，用于区分声源所在的方位。"声像调节"旋钮也叫"pan"，用于调节该路声源在空间中的分布。当往左调节旋钮时，相当于把该路声源放在听音的左边；当往右调节旋钮时，相当于把该路声源放在听音的右边。对于声音的空间效果来说，声像至关重要，它影响甚至决定了立体声以及环绕立体声声场的形成。

用角度标识的画面属性叫色相，英文名称是"hue"，表示画面的颜色偏好。色相表现为色轮上的不同角度，色轮角度改变，色相也随之改变。在图1-2中，通过右窗格中的矢量观测仪，可以查看左窗格中画面的颜色偏向。通过矢量观测仪可以观察到左窗格中画面的颜色分布不平衡，绿色的光斑明显偏向YL（黄色）和R（红色）之间，意味着左窗格中画面的色相偏向橘黄，女孩的肤色也是杏黄色。如果通过色彩校正，使画面的光斑偏向五点钟方向，使之介于CY（青色）和B（蓝

剪辑的
秘密

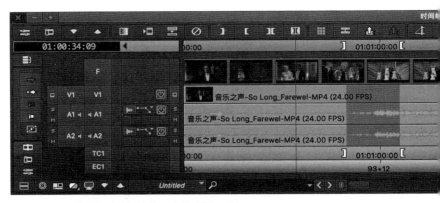

图 1-1 非线编辑软件时间线窗口中的时刻和时段

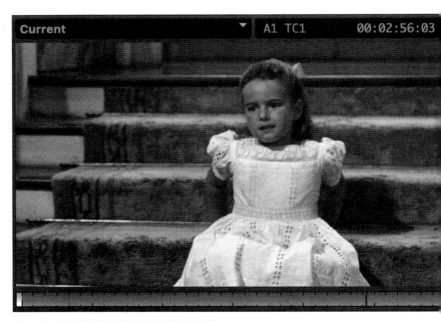

图 1-2 通过矢量观测仪查看画面颜色偏向

第 1 篇
时间

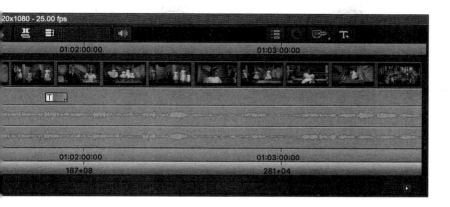

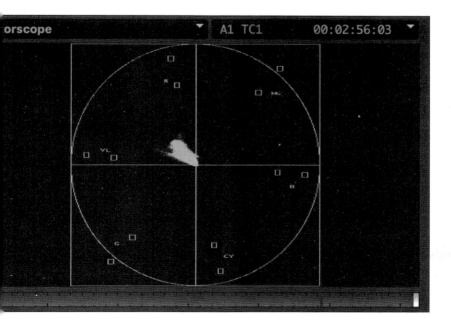

色）之间，左窗格中画面的色相就会偏向冷白，女孩的肤色也会变得更白净一些。

1.1.3 时间的精度

如果你认为古人对于时间的认识和理解比较粗略，那就错了，他们只是测量时间的工具不够先进。比如，佛经《僧祇律》中就有记载："一刹那者为一念，二十念为一瞬，二十瞬为一弹指，二十弹指为一罗预，二十罗预为一须臾，一日夜有三十须臾。"由此幻化出"刹那""一念间""瞬间""弹指间""须臾"等一批表示时间的词汇。有没有觉得这些词很熟悉？像"念念不忘""转念一想""一念之间"等，这里面的"念"其实是时间单位。根据唐玄奘《大唐西域记》中的记载可以换算出，"一刹那"也就是"一念"，应该是 0.018 秒，"一瞬"为 0.36 秒。

大家都知道，我国标准民用交流电电压是 220 伏特，频率为 50 赫兹。而在日本、美国等西方国家，民用交流电电压则是 110 伏特，频率为 60 赫兹。因为各国领土面积不同，人口密度的差异比较大，考虑到输电的损耗，各国民用交流电所采用的电压也不尽相同。民用交流电电压从 100 伏特到 240 伏特，并不统一，有的国家不同地区的电压都是不同的。民用交流电的频率可不像交流电的电压那么复杂，它只有两种情况，一种是 50 赫兹，另一种是 60 赫兹。

交流电的频率与视频信号的传输方式关系密切。比如，我国标准民用交流电的频率是 50 赫兹，所以我国高清视频的格式标准为 1080i50，也就是每秒钟传输 50 场视频信号。如果将一帧高清画面拆分成奇数行和偶数行，分两场交错进行传输，就是 1080i 视频格式。先传奇数行，后传偶数行，叫上场优先；先传偶数行，后传奇数行，叫下场优先。因为人眼具有视觉暂留的特性，所以观众在屏幕上看到的还是一帧完整的画面。用交错场的方式进行传输，好处是能节省一半的带宽。如果每场信号将一帧高清画面完整传输，这就是 1080P 视频格式。1080P 视频格式没有交错场，画面会更流畅，但视频传输占用的带宽，比 1080i 视频格式多了一倍。

那么，视频信号传输中的"场"会持续多长时间呢？如果交流电的频率是 50 赫兹，每秒钟周期性变化

50次,这个"场"的持续时间就是0.02秒;如果交流电的频率是60赫兹,每秒钟周期性变化60次,这个"场"的持续时间就是0.016秒。"一刹那"或者"一念"的时间是0.018秒,刚好介于0.02秒与0.016秒之间。因此我们可以说,"一场"就是"一刹那"或者"一念"。

"场""念""刹那"的持续时间过于短暂,人们可能无法准确地感知或者用语言表述清楚它们的变化,但"一瞬"的持续时间则会被准确地感知。人的视觉和听觉是两套相对独立的感知系统,人脑对来自视觉和听觉的反馈会产生时差,这个时差就是瞬间级别的延迟。"一瞬"是0.36秒,比半秒钟略短。我们在给视频配唱词字幕时,原则上有声即有字,可是如果声音一结束,字幕立刻就消失,观众会觉得怪怪的。人们是先听到声音,然后再去看字幕,如果声音与字幕同时结束,字幕还没看完,就消失了,会给人一种"未卜先知"的怪诞感。因此,字幕应晚于声音结束,延迟半秒左右。这样,话音虽然结束了,但留下了瞬间的余味。

把字幕拖得太长也不好,要把气口留出来,以便接下一句。对于大段正常语速的对话或画外音解说,在双方没有发生争吵或者情绪比较激动的情况下,前一句话音结束后，剪辑师要先默念一二三，然后立即切入下一句话。切记，是默念一二三，而不是数三秒。数三秒的标准时长是1001、1002、1003，比默念一二三至少要长出"一瞬"的时间。如果数完三秒再切入下一句，就会有截气的感觉，原来的说话节奏也被打乱了，后语跟不上前言，剪辑就会显得拖沓冗长。如果切入下一句的间隙比默念一二三还短，就会有心忙的感觉，就像常说的"吃枪药了"一样。把对话或者画外音解说中的每一句话都这样剪，观众只会觉得人物说话比较快；如果隔两三句才切一下，未剪辑的声音和剪辑过的声音语速就会不一致，忽快忽慢，节奏混乱，那就是明显的剪辑错误了。当然，这里提供参考的是话语间隙的基准时长，剪辑师要以此为依据，再结合具体的场景、人物的性格和现场的氛围，微调话语间隙，形成恰如其分的剪辑节奏。

至于声音，哪怕时间上微小的延迟，都会对听感产生明显的影响。如果声音反射声的延时为10毫秒，也就是"一刹那"或者"一念"，就会出现严重的"梳状滤波效应"，此时人们的听觉感受是一种"镶边"的效果。如果声音反射声的延时增加到25毫秒左右，就会对声音的亲切感和丰满度产生重要影响，此时人们的听觉感受是音乐厅中的效果。如果声音反射声的延时增加到 50 毫秒，甚至超过 80 毫秒，就会出现回声的效果。80 毫秒还不到"一瞬"的四分之一，但是足以让声音效果发生很大的变化。所以对于剪辑工作来说，无论是画面，还是声音，时间只精确到秒，是远远不够的。

1.1.4 时间码

无论是时刻，还是时段，非线编辑软件都使用一种相同的表达方式，就是时间码。时间码既可以标识某个片段在序列中的位置，也就是时序；也可以标识某个片段在序列中的持续时间，也就是时距。时间码有多种表示形式。理论上，既然时间是绝对客观的，不因人的主观认识而改变，反映的是外界自然规律对人施加的绝对影响，那么时间就有通用性，不管是哪种形式标识的时间码，都可以相互转换。事实也的确如此。由于电视和电影的应用场景不同，时间码自然也形成了两种不同的符号体系。影视剪辑最常用的时间码表达方式是 EC 码（edge code）和 TC 码（time code），如图 1-1 所示。EC 码是电影工业的主流标准，它记录的是以英尺为单位的胶片长度。TC 码是电视工业的主流标准，录制、编辑、播出等设备上的电子时钟与 TC 码之间可以非常轻松地转换。

EC 时间码是胶片时代电影工业的时间码，直接用胶片的长度来标识时间，一般采用"NNNN+NN"（edgecode 4 count）或者"NNNNN+NN"（edgecode 5 count）的形式表示。加号前面的 N 代表胶片的长度或者位置，单位是英尺；加号后面的 N 代表格数，也就是帧数。电影胶片的规格是用胶片宽度来定义的。按胶片宽度的毫米数来分类，常见的电影胶片有六种，分别是 8mm、8.75mm、16mm、35mm、65mm 和 70mm。8mm 胶片和 8.75mm 胶片因为没有记录声音的位置，早已被淘汰。65mm 胶片和 70mm 胶片用来拍摄 IMAX（Image Maximum）电影，但问世不久，数字电影机就出现了，它们有被数字电影取代的趋势。我国普遍使用 16mm 胶片和 35mm 胶片。其中，16mm 胶片只用于彩色底片，不用于正片。现在发行的电影全部是 35mm 胶片的彩色拷贝，供电影院放映。如果帧速率[1]为24帧/秒，那么16mm胶片一分钟的长度大约是36英尺[2]，而35mm胶片一分钟的长度大约是90英尺。随着胶片摄像机逐渐被数字摄像机取代，记录胶片长度的EC码便没有那么重要了，而TC码逐渐被电影工业接受，广为使用。

TC时间码的编码规则是为视频信号中的每一帧都分配一组数字，用以标记帧所在的位置或者画面持续的时间。TC时间码的基本格式是用半角冒号或者分号两两分隔的八位数字，其基本格式为"HH:MM:SS:FF"，从左到右依次表示小时、分钟、秒钟和帧数。"HH"代表小时数。由于大多数非编软件默认TC时间码起始值为01:00:00:00，所以当HH的位置为"01"时，不代表已经过去了一个小时的时间，"02"才表示超过了一个小时的时间。不过这些非编软件都支持修改TC时间码的默认值，将其初始时间修改成00:00:00:00后，当HH位置为"01"时，就表示超

---

[1] 帧就是指影像中的一幅静态图像，在胶片时代也称为"格"。帧速率是指每秒钟刷新图片的帧数或显示静止帧的格数，也可以理解为图形处理器每秒钟能够刷新几次。帧速率通常用FPS（Frames Per Second）表示，即帧/秒。捕捉动态视频内容时，帧速率数值愈高愈好。

[2] 1英尺合0.3048米。

过了一个小时的时间。"MM"代表分钟数,"SS"代表秒钟数,两者取值范围都是00—59,与生活中的时钟指示范围一样。"FF"代表帧数,取值从00开始,最大值取决于帧速率。

电影转成的数字视频文件的帧速率通常是24帧/秒,它的TC时间码FF段的取值范围是00—23。我国高清电视信号格式标准是1920∶1080/50i,其所占用制作资源的码率与1920∶1080/25P完全相同,意味着帧速率也是25帧/秒,它的TC时间码FF段的取值范围就是00—24。除此以外,常见视频编码的帧速率还有23.98、29.97、50、59.94、60、120等,对应的TC时间码FF段每秒的初值都是从00开始,最大取值存在23、29、49、59、119等几种情况。帧速率不是整数的,还会涉及丢帧的问题,即丢帧的那一秒帧数要减去一帧。

有的TC时间码的格式是用半角分号分隔,其形式为"HH:MM:SS;FF",或者是"HH;MM;SS;FF",表示该时间码的这一秒是掉帧的。至于小时、分钟、秒钟和帧数是全部用半角分号分隔,还是只有帧数前面用半角分号分隔,其余用半角冒号分隔,完全取决于软件设计的规范。比如,Adobe After Effects的掉帧时间码全部用半角分号分隔，而 Apple Final Cut Pro 的掉帧时间码就只有帧数前面用半角分号分隔。不管用哪种表示方式，掉帧的那一秒都要比非掉帧的最大帧数少一帧。

还有一种 TC 时间码采用"HH:MM:SS,mmm"或者"H:MM:SS.mm"的格式，秒数后面既不是冒号，也不是分号，而是半角逗号或句号。半角逗号或句号后面是"mmm"或"mm"，都代表毫秒数，只是"mm"换算成毫秒时，数字后面要加个"0"。比如 00:01:22,980 和 00:04:07.76，前者表示 1 分 22 秒 980 毫秒，后者表示 4 分 7 秒 760 毫秒。在非线编辑软件中，很少使用这类时间码，因为它们不能精确到帧数，剪辑时毫秒数也没有现实意义。这种格式的时间码主要应用于外挂字幕文件，因为字幕只与人物对白、独白、解说词等话音的起始和结束位置有关系，与画面内容没关系，与帧速率更是毫无瓜葛。由于外挂字幕对应的视频文件通常采用 Long GOP[①] 帧间压缩的编码

[①] Long GOP，是 Long Group of Pictures 的简写，即长画面组，就是给超过一帧的画面编组，比如 6 帧组成一个 GOP，或者 15 帧组成一个 GOP，在 GOP 内只记录第一帧的全部信息并压缩，后面几帧的信息如果和第一帧有相同的部分就删掉，只压缩与第一帧不同的信息。这是压缩率高且损失少的帧间压缩方式。

方式，在视频解码没有完成之前，并不是每帧都能对应上画面，字幕也无法精确地对应上帧数。字幕要与声音严格地同步。声音既没有帧，也没有场，为了避免出现声音与字幕不对位的情况，就采用无须换算的自然时间表达方式，而且要精确到毫秒。

多数非线编辑软件都支持时间码快捷输入。在对时间线上的编辑点进行数字修剪或者移动播放头时，使用快捷方式输入时间码是非常方便和高效的。以帧速率25FPS的视频剪辑为例，如果想让编辑点向右侧移动3秒钟，就输入"+75"；如果想让编辑点向左侧移动3秒钟，就输入"−75"。"+"和"−"代表移动的方向，"+"是向右移动，"−"是向左移动。在有的非线编辑软件中，向右修剪时可以不用输入"+"，但向左修剪时则必须输入"−"。我们也可以用快捷方式，直接输入"+300"，就能让编辑点向右侧移动3秒钟；同样，输入"−300"，会让编辑点向左侧移动3秒钟。当输入的数字超过两位数时，十万位和万位的数字为分钟，千位和百位的数字为秒钟，十位和个位的数字为帧数，然后根据帧速率和时分秒进位规则，就能换算出正确的时间码。

剪辑的秘密

我们还可以用更加快捷的方式，直接输入"+3."，就可以让编辑点向右侧移动3秒钟；同样，输入"-3."，则可以让编辑点向左侧移动3秒钟。如果想让编辑点向右侧移动3分钟，我们就直接输入"+3.."；同样，我们输入"-3.."，就能让编辑点向左侧移动3分钟。每增加一个半角句点，时间量就增加一个层级。在使用快捷方式输入时间码时，只需输入引号内的数字和符号，无须输入引号本身。需要注意的是，这些数字和符号必须是半角字符，输入前要将输入法切换成英文半角状态。另外，这些数字和符号只能从计算机键盘的小键盘区域输入，不能通过大键盘区域的数字和符号键输入，因为大键盘区域的数字和符号键默认会被分配给剪辑操作的快捷键，键帽上的数字和符号早已经失去了原本的含义和作用，这也是剪辑师喜欢使用全尺寸键盘的原因。

1.2 镜头的时间

1.2.1 时间对镜头的影响

对于电影来说,最重要的技术特征就是"视觉暂留"。放映电影时,放映机把画面一格一格地投射到银幕上。画面移出时,光线会被胶片遮住,银幕上便出现了短暂的黑场。每放映一格画面,银幕上就出现一次黑场。不过,画面间极短暂的黑场会被人眼的"视觉暂留"特性所弥补。因为光信号传入大脑后,会有短暂的滞留时间,在光信号结束后,视觉形象并不会立即消失。科学实验证明,在某个影像消失后,其视觉形象仍然会在人眼的视网膜上滞留0.1—0.4秒,这种视觉现象就是"视觉暂留"。电影胶片以每秒24格画面的速度匀速转动,一系列静态画面就会因视觉暂留作用,在银幕上留下连续的视觉影像,产生逼真的动感。

数字影像的工作原理亦是如此。对于数字影像来说,帧是最小的单位,一帧就是一幅静止的画面,快速连续地显示帧,便形成了运动的假象(影像)。帧速率越高，每秒钟显示的帧数就越多，动作就越流畅，影像就越逼真。由此可见，帧速率是决定照片或影片的关键因素。我们已经知道，现在电影的帧速率一般是24FPS，但这并不绝对。比如，彼得·杰克逊（Peter Jackson）拍摄的《霍比特人》系列影片，采用的帧速率是48 FPS；而法国电影发明家路易斯·卢米埃尔（Louis Lumiere）导演的电影，帧速率却只有16 FPS。意识知觉领域的科学家和研究人员认为，人类大脑以24—48 FPS之间的速度感知现实，一旦图像的帧速率过低或者过高，人们就会产生超现实感，这便是现实和虚幻的界限。那么，要想生成平滑连贯的动画效果，帧速率的下限是多少呢？一般认为，不应小于8 FPS。如果帧速率再降低，其呈现效果只能算作幻灯片或者照片，根本无法形成运动的假象。

照片和影片的根本区别在于持续时间的限制。照片是静态的，没有持续时间的限制，观众想看多长时间，由自己决定。影片是线性的，停留一秒就是一秒，下一秒就变了，观众能看多长时间，由导演决定。导演就是要通过镜头中时间的流动，来制造观众思维的流动。影片比照片多了一种影响观众感受的手段，那就是对时间的控制。

比如，一个镜头是，一位老人靠在躺椅里，拿着一张泛黄的老照片。镜头时长是给一秒钟，给三秒钟，还是给五秒钟，区别是显而易见的。镜头时长给一秒钟，观众会看到一位老人在看老照片。镜头时长给三秒钟，观众会注意到照片中的人物和场景，猜测这张照片是在什么时候、什么情境下拍摄的。镜头时长给五秒钟，观众会想到更多的问题：这个老人是谁？他与照片中的人物是什么关系？他们之间发生过怎样的故事？照片中的人物后来怎样了？他们现在还有联系吗？……如果只有一秒钟的时间，观众绝对不会联想到这么多。

剪辑师就是通过对镜头持续时间的控制，来影响观众的心理感受，进而表达自己的创作意图和思想观点的。著名纪录片导演弗雷德里克·怀斯曼（Frederick Wiseman）曾经说过：观众看到的片子不是我的作品，观众看到片子时内心反应的过程、片子流动和观众内心流动的结果，才是我的作品；观众看我作品时引发的心理变化，才是我的作品。对镜头持续时间的控制，就是对观众内心反应的控制，决定着观众观看影片时的内心感受。影视作品是时间的艺术。著名电视人陈虹曾经说过:"影片风格是由景别和长度决定……所以我认为,我们剪片子,实际上就是在剪景别、剪长度。"① 这段话就是在强调"长度里面有信息,景别里面也有信息"②,镜头时间长一点或者短一点,表达的语义是不一样的。对于同样的内容,镜头的持续时间不同,观众产生的心理感受也不同。

1.2.2 镜头的时间基调

有些电影导演以偏爱长镜头著称,长镜头甚至成为他们的影片风格之一。长镜头具有很强的纪实性,能够忠实地描述生活的原貌,因此受到纪录片导演的特别推崇,尤其是热衷于"旁观纪录"的纪录片导演怀斯曼。怀斯曼的纪录片表现手法特征十分鲜明:没有旁白,没有音乐,没有对事物的介绍,没有人为的精心布置,只是现实的生活场景,只是客观的纪录、客观的描述,不加入一点自己主观的思想,绝对不干涉被摄者的活

---

① 徐泓编著:《不要因为走得太远而忘记为什么出发——陈虹,我们听你讲(收藏版)》,中国人民大学出版社 2015 年版,第 69—70 页。
② 同上书,第 70 页。

动。这种风格决定了他的纪录片会给观众带来真实、亲切、不做作的感觉，长镜头的表现手法也成了他的不二选择。

以怀斯曼导演的纪录片《在伯克利》（2013）为例。这部纪录片展示了美国加利福尼亚大学伯克利分校校园生活的方方面面，揭示了一所世界顶级名校如何积极地承担科研责任和社会义务，以及如何在点滴细节中实践和拓展高等教育的意义。影片拍摄了很多老师讲课的镜头，导致拍摄素材的总时长达到 250 个小时。怀斯曼先用 6 周时间看素材、做笔记，又用 6 周时间整理感兴趣的素材，再用 8 个月到 12 个月的时间来剪辑，又用 6 周到 7 周的时间完成了最终的结构。最后，怀斯曼另外用了 6 周的时间，把所有的素材再看了一遍，以确保没有漏掉后来反而变得有用的素材。① 《在伯克利》成片的时长是 244 分钟，但它并不是最长的纪录片。到目前为止，最长的纪录片是 *Forever Modern Times*（《现代文明永不消逝》，2011），其时长是 14,400 分钟，

---

① 〔美〕弗雷德里克·怀斯曼、王南楠、曹越：《深度介入的"直接电影"——弗雷德里克·怀斯曼导演创作谈》，《电影评介》2020 年第 22 期，第 5—6 页。

相当于240个小时,也就是十天十夜。纪录片不像商业影片那么在意时长,也许这就是纪录片会大量使用长镜头的客观原因吧。

  纪录片导演追求的是生活的原汁原味,这与追求视觉享受的商业大片有着本质的不同。现在的商业大片,尤其是动作电影,镜头的剪接率[①]是非常高的,镜头数与秒数的比例几乎达到1∶1。以姜文导演的影片《让子弹飞》为例,全片时长132分钟,总共剪辑了3527个镜头,平均每2.25秒就剪辑一个镜头。在整部影片中,时长少于5秒的镜头3349个,大约占镜头总数量的95%,也就是说绝大多数剪辑镜头的时长都是非常短的。时长5—10秒的镜头147个,10—15秒的镜头23个,15—20秒的镜头4个,20—30秒的镜头8个。时长多于30秒、少于1分钟的镜头仅5个,多于1分钟的镜头仅1个。《让子弹飞》是一部以对白见长的影片,要是换作动作电影,其中追逐或者打斗的场景就会更多,差不多一秒钟就要切换一次镜头了。这也反

---

① 剪辑率是指在单位时间长度的画面中镜头转换的次数,用单位时间内镜头数量的多少来表示。

映了影视片剪辑的特点和趋势,即镜头时长越来越短,镜头剪辑越来越碎片化。

镜头的持续时间与人的视觉感受直接相关,所以剪辑师要学会控制镜头的持续时间。实验表明:画面持续 0.3 秒,不会给观众留下什么印象;画面持续 0.4 秒,会给观众留下模糊的印象;画面持续 0.5 秒,给观众的观感介于有印象和无印象之间;画面持续 0.7 秒,就会给观众留下清晰的印象。如果画面持续时间超过 3 秒,观众的视觉注意力就开始下降。当画面持续超过 5 秒,画面的内容和形式又没有新的变化时,观众就会丧失对画面的关注。所以,普通镜头的时长不应该短于 2 秒。短了,可能导致观众看不清楚;长了,又可能失去运动的视觉冲击力和节奏感。

镜头的持续时间与画面内容的信息量密切相关。普遍的规律是,远景时间长,近景时间短。因为,大景别画面承载的信息多,要给更长的时间,让观众看清和体会;小景别画面承载的信息少,观众在短时间内就能获得全部的信息。一般而言,远景镜头给 6—8 秒,全景镜头给 4—6 秒,中景镜头给 3—4 秒,近景镜头给 2—3 秒,特写镜头给 1—2 秒,运动镜头的起幅和落幅各给 1—3 秒。画面景别越小，镜头持续的时间就越短，反之亦是如此。

如果把握不好镜头的持续时间，可以尝试用简洁的语言，以播音的语速，把画面要表达的信息朗读一遍。朗读一遍所需的时间，就是这个镜头合理的持续时间。比如，你可以尝试以新闻播报的语速读这四句话："蓝蓝的天空白云飘，白云下面马儿跑。一望无际的大草原，近处几个蒙古包。"连读下来的时间大约是 7 秒钟，远景镜头合理的持续时间范围是 6—8 秒，两者其实是差不多的。

1.2.3　镜头的时间变调

美国电影理论家斯坦利·梭罗门（Stanley Solomon）曾有过这样的论述："如果一部影片描绘每个运动的时间都恰好相当于实际完成这个运动的时间，那么这部影片看来将会相当沉闷。"[1] 因此，我们在剪辑时，经

---

[1]　〔美〕斯坦利·梭罗门：《电影的观念》，齐宇译，中国电影出版社 1983 年版，第 10 页。

常需要改变源素材的速度，调整入点和出点之间的时距，来实现镜头的时间变调。

影视作品是关于时间的艺术。对镜头持续时间的控制，体现了创作者对观众内心反应的控制，影响甚至决定了观众观看时的内心感受。镜头的持续时间就是视频剪辑过程中的时距。镜头的时距并非一成不变。长镜头是长时距，短镜头是短时距，快镜头是压缩时距，慢镜头是拉伸时距，定格是冻结画面、延长时距。

1.2.3.1 镜头时间的拉伸

我们先来分析如何增加镜头的持续时间。要想增加镜头的持续时间，无外乎使画面重复、使画面变慢和使画面冻结三种方式，也就是重复镜头、慢镜头和定格。

重复镜头

重复镜头将一个镜头以正常节奏重复多遍，以此来达到增加镜头的持续时间、突出视觉印象的目的。但是，重复镜头不是画面重放，画面重放是复制之前出现的画面，复制的画面并不能传达任何新的信息，只会让观众感到厌倦。重复镜头是再现画面中曾经出现过的行为，而不是对画面本身的简单复制。

比如，英国导演菲尔·阿格兰（Phil Agland）拍摄过一部反映上海市井生活的纪录片，名字叫《逝——上海的爱与死》（2007）[①]。片中有一个孩子跟老京剧演员学习翻跟头的片段。导演阿格兰硬是把孩子翻的二十九个跟头全部剪了进去，不仅把动作完成比较好的前手翻、头手翻和后手翻都剪辑了进去，连动作不太规范的头顶翻也被完整地保留了下来。导演不嫌累赘地保留了孩子练功的全过程。翻二十九个跟头的镜头并没有让观众感到厌倦，尤其是那十个不太规范的头顶翻动作，恰恰打动了观众。观众为何能够忍受孩子翻二十九个跟头的镜头？那是因为，每个跟头都是未出现过的新画面，是教戏过程的自然延续。

孩子翻二十九个跟头的镜头，重复的是画面中出现过的行为，而不是画面本身。它不是将翻第一个

[①] 影片原名为 *Shanghai Vice*。1997年香港回归祖国，西方社会希望更多地了解改革开放的中国。同年，英国导演菲尔·阿格兰拍摄了一系列反映上海市井生活的纪录片。导演将其剪辑成7集50分钟的电视纪录片，于1999年在英国的电视台播放。10年之后的2007年，导演又将其重新剪辑成一部100分钟的纪录片，片名改为 *Love and Death in Shanghai*。该片的中文名有多个，如《逝——上海的爱与死》《逝——上海冬夜的爱与死》《上海，1997年的冬天》等。

跟头的镜头重放二十八遍，而是给观众呈现了孩子翻二十九个跟头的过程，是在强调老京剧演员教孩子学习戏的细节。重复镜头就是增加镜头的持续时间，增加镜头的持续时间就是对细节的升华，迫使观众脱离对细节的关注，转而思考其所传达的思想内涵。当你不断地追究细节的时候，"细节的细节就不再是细节本身"[①]，它已经变了。这种变化源于观众的观察和思考，也是观众的"二度创作"。此时，观众可能会想，这就是京剧的传承，这就是口传心授；观众再往后想，要是这些老师傅都没了，以后可怎么办？……这就是重复的力量，如果片中只剪辑了三个翻跟头的镜头，观众就不会想到这么多。

从镜头叙事的角度来说，重复镜头是有碍流畅的，尤其是面对之前出现过的画面，观众难免会感到厌倦。如果片中不得不使用之前出现过的画面，那么不同机位和不同景别的镜头肯定是优选。此外，还可以对画面稍做处理，通过缩放、位移和速度的变化和组合，

---

① 徐泓编著：《不要因为走得太远而忘记为什么出发——陈虻，我们听你讲（收藏版）》，中国人民大学出版社2015年版，第99页。

使之与出现过的画面有所区别,这样也会给观众带来视觉上的新鲜感。

慢镜头

慢镜头与重复镜头一样,都是通过增加镜头的持续时间,达到突出视觉印象的目的。但两者还是有区别的:重复镜头是将一个镜头以正常节奏重复多遍,慢镜头是将一个镜头拖慢节奏只放一遍。慢镜头是电影艺术中时间停格和眼球恋物的生成手段。在正常状态下,影视片的拍摄和放映的转换频率是同步的,比如以 30 帧/秒的帧速率拍摄,然后以 30 帧/秒的帧速率观看,那么观众所看到的是正常画面。但是,如果在前期拍摄或后期制作中刻意增加了镜头的帧数,比如每秒生成 60 或者更多帧,然后以正常 30 帧/秒的帧速率播放,那么画面中就会出现人物的慢动作。这就是我们通常所说的慢镜头。

慢镜头最早被运用在武侠片和歌舞片中。动作片导演用慢镜头来表现武术动作的美感及其意义,同时强调动作的力量感和人物的侠义情怀。如美国导演萨姆·佩金帕(Sam Peckinpah)就擅长使用慢镜头,来凸显西部的浪漫情怀和暴力美学的审美主张。吴宇森在看了佩金帕的西部片《日落黄沙》（1969）之后说："他的慢镜头用得极其浪漫，令我非常感动于动作片竟然可以拍得这样美。"[1]吴宇森也喜欢用非常慢的慢镜头来拍摄英雄片的男主角，尤其是牺牲那一瞬间，在慢镜头之下是极具精神表现力的。经典的慢镜头能体现出一种精神境界，凸显动作的表现魅力。与佩金帕将慢镜头用于表现动作不同，马丁·斯科塞斯（Martin Scorsese）则用慢镜头来补足演员的演技或强调演员的感情，捕捉刹那间人物微妙的心理转折。

在歌舞片中，慢镜头有助于强调镜头的美感和节奏，表达歌舞片式的动态美感。MTV或者广告片经常会用到慢镜头，以凸显和美化事物，使用慢镜头一方面是为了营造气氛，另一方面则是为了眼球经济。

慢镜头可以将高速运动的物体，以极慢的速度呈现在观众面前，并给观众带来前所未有的视觉体验。比如，在BBC经典纪录片《地球无限》的第一季中有一

---

[1] 郑洞天、谢小晶主编：《艺术风格的个性化追求——电影导演大师创作研究》，中国电影出版社2002年版，第86页。

集叫《多样浅海》①，里面有一个大白鲨捕食海狗的经典片段，就是以慢镜头的方式将这一过程重放了两遍。大白鲨先是跃出水面，接着几乎悬停在半空中，然后再缓缓落入水中。原本8秒钟的镜头，硬是持续了45秒才放完。在现实生活中，观众不可能如此近距离、如此清晰地观看鲨鱼捕食，用慢镜头处理，不仅使画面充满了动感和张力，还能够给观众带来视觉上的震撼。与此同时，慢镜头还会给观众留出观察和思考的时间，观众才会同情海狗的遭遇，感叹海狗出海捕鱼的危险，进而感叹物竞天择、弱肉强食的理性思考，以及适者生存的自然法则，抒情意味浓重。

定格

定格是影视片的镜头运用技巧之一，表现为屏幕上的活动影像骤然停止，成为静止画面，也就是呆照。定格通过"冻结"画面，使人物的动作停止，让观众像看肖像一样，欣赏人物的造型美，可以用于突出或渲染某一场面、某种神态、某个细节等。

---

① 参见《地球脉动》第九集《多样浅海》，2014年10月7日，https://tv.cctv.cn/2014/10/07/VIDE1414468103987946.shtml?spm=C55924871139.PKgX4CXWWE68.0.0，2023年3月15日访问。

定格实现起来并不难。电影的定格是将选取的某一格画面，通过印片机重复印片，让画面延伸到需要的长度。数字视频则是将一片段的尾帧画面做静帧处理，并给静帧设置一定的持续时间，使观众产生瞬间停顿的视觉感受，然后再接下一片段的第一帧画面。所以说，定格就是冻结画面，延长时距。

根据镜头剪辑的需要，定格可以处理成由动到静，就是从活动画面到定格画面；也可以处理成由静到动，也就是从定格画面到活动画面。在影视片中，定格通常有两种用法：一种是将定格放在叙事过程中间，打断正常的叙事节奏，使人物脱离当前时间的影响；另一种是将定格用在影片结尾，表明故事结束，或借此点题，营造最终的画面感，给观众一个可以带走的标记，以便回味。

将定格放在叙事过程中间，往往出于叙事结构的需要，通过定格画面来打断当前叙事进程，给紧张的叙事节奏来一个缓冲，或者插入与此相关的另外一场戏。如图1-3所示，在动画电影《功夫熊猫2》（2011）中有一段情节，神龙大侠熊猫阿宝和盖世五侠急三火四地向音乐家村飞奔而来，迎战独眼狼那伙强盗。双方

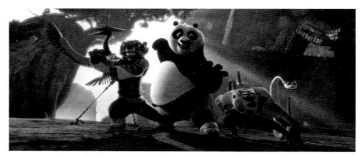

图1-3 影片《功夫熊猫2》中的片中定格

刚一碰面，阿宝和盖世五侠就摆出了一副颇具喜感的造型。用定格处理不仅能突出具有雕塑感的画面造型，还可以使时间短暂地停滞，给观众留有少许时间，以舒缓和平复情绪。前面是阿宝和盖世五侠急三火四地飞奔而来，后面又将是一场惊心动魄的恶斗，中间使用定格画面，不但可以让后面的打斗从静态开始，实现动中有静，动静结合，还能使接下来的画面更加动感十足，惊心动魄。

还可以在画面定格后切出，然后再切入回忆、冥想和梦境等其他时空的场景。此时定格的作用是中断当前叙事进程，并通过定格画面中的事物进行暗示，进而把两个不同时空的场景关联起来，方便观众理解。

此处的定格画面往往会锁定与回忆、冥想和梦境等情景相关、相似或一致的事物，比如照片上的人物与回忆中的人物、某件作为纪念品的道具等。

另一种使用定格是出于展示画面的需要，即通过定格画面来强调主角个体或者群体的形象和造型，往往出现在段落结束处或者影片结尾，以此表明故事结束，并营造最终的画面感。比如影片《锦衣卫》（2010）的片尾，远处夕阳西下的余晖里，锦衣卫青龙策马而来。然后将这幅画面以及剪影的形式定格下来，一直保持至剧终（图1-4）。影片通过定格表明故事结束，并借青龙的剪影点题，再次提醒观众，本片片名叫《锦衣卫》。从心理层面上来说，在红彤彤的落日余晖里，青

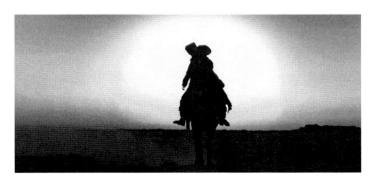

图1-4　影片《锦衣卫》中的片尾定格

龙策马而来，光芒万丈，豪情满天，画面感强烈，给观众留下深刻的印象和无穷无尽的回味。

1.2.3.2 镜头时间的压缩

我们再来分析一下，如何缩短镜头的持续时间，实现对画面时间的压缩。在实践中，电影、电视剧和新闻片等，都有时长的限制，因而对镜头时间压缩的需求远比对镜头时间拉伸的需求，来得更实际、更迫切。只要我们还在意影视作品的商业价值，就必然会在意作品的时长。通常这是一种对时间的限制，而不是对时间的放纵，所以对画面时间的压缩就变得非常具有现实意义。

慢镜头是改变画面的播放速度，也就是改变帧速率，定格本质上也是改变帧速率，两者的共同之处都是增加镜头的持续时间。快镜头则正好相反，是对镜头持续时间进行压缩。压缩镜头的时长会造成两个结果：一是加快叙事的节奏，二是增强观众的紧张感。

快镜头是指拍摄影视片时，用慢速拍摄的方法拍摄，再以正常速度放映或播放，从而产生人或物的动作速度比实际快的效果。以正常速度拍摄的镜头，剪辑时在时间线上调整镜头的播放速度，当速度超过100%时，就是快镜头。只要剪辑片段的帧速率高于原始镜头的帧速率，就能产生镜头加速的效果。快镜头一般用来拍摄车辆行驶或人马奔跑等，它能迅速展现事物的运动变化，产生极度紧张的视觉效果，同时压缩镜头的持续时间。

在剪辑时，想对比不同帧速率下快镜头的效果差异，并不需要真的去改变时间线上原始片段的速度，而应先以不同的倍速播放时间线上的原始片段，找到一个相对合理的速率，然后再对片段做变速。因为视频变速需要改变帧速率，压缩原始帧，创建新的帧，这要进行大量的数据计算，需要等待素材渲染完成后，才能观看效果，而逐一尝试改变时间线上原始片段的速度，耗时费力，也不现实了。

几乎所有的非线编辑软件都支持J、K和L这三个快捷键。J键是倒放镜头，K键是停止播放，L键是正放镜头。键盘上J键键帽上有凸起标记定位，J、K、L三键相邻，适合不看键盘盲打盲播。观看快镜头的播放效果，只需多敲几下L键，就可以实现倍速播放。只不过不同的非编软件中，L键点击的次数与倍速的递进关系有些差别。比如，Apple Final Cut Pro X 的倍速是按照等比数列关系递进的，按 L 键的次数分别为 1、2、3、4、5、6，倍速递进关系分别是 1 倍速（原速播放）、2 倍速、4 倍速、8 倍速、16 倍速、32 倍速，即后者的倍速都是前者的两倍，最高是 32 倍速；而 Avid Media Composer 中的倍速是按照斐波那契数列关系递进的，按 L 键的次数分别为 1、2、3、4、5，倍速递进关系分别是 1 倍速（原速播放）、2 倍速、3 倍速、5 倍速、8 倍速，即后者的倍速等于前两项倍速之和，8 倍速也是最高的倍速。按下 K 键，就可以停止播放。连按 J 键也遵循这样的倍速关系，只不过画面是倍速倒放的。如果在按住 K 键的同时，点按 L 键或者 J 键，则是逐帧慢进或者逐帧慢退，每点按一下，慢进或者慢退一帧。如果在按住 K 键的同时，再按住 L 键或者 J 键不松手，就会以 0.5 倍速慢进或者慢退播放。多尝试几次，基本就能找到镜头播放的合理倍速。

我们会发现，无论快进播放，还是快退播放，倍速值都有个上限。高倍速会带来画面的扭曲、夸张和失真，就像电影《功夫》（2004）中，星仔和包租婆赛跑的片段。除非追求的就是这种喜剧效果，否则这样的快镜头确实很难与生活化的写实场景组接起来使用。高倍速快镜头的合理应用场景是延时摄影。

延时摄影又叫缩时录影,是一种将时间压缩的拍摄技术。延时摄影拍摄的是一组照片或是视频,后期通过照片串联或者视频抽帧,把几分钟、几小时,甚至是几天、几年的过程,压缩在一个较短的时间内,以视频的方式播放。在一段延时摄影视频中,物体或者景物缓慢的变化过程被压缩到一段较短的时间内,呈现出平时用肉眼无法察觉的奇异精彩的景象。

在BBC的纪录片《地球脉动》(2006)中有一集的名字叫《辽阔平原》[①],拍摄的是成千上万只驯鹿边迁徙边吃草的镜头。驯鹿群一天要走三十多英里,它们的迁徙过程是边走边吃,边吃边走,走走停停,用正常速度剪辑会让画面显得冗长而拖沓,缺乏新意。剪辑师敏锐地发现,驯鹿群虽然很庞大,移动速度也不快,但它们行走的路线是前后一致的,尤其是走过狭窄的湖湾时,其迁徙的路线显得非常紧凑。在最终的

[①] 参见《地球脉动》第七集《辽阔平原》,2014年10月5日,https://tv.cctv.cn/2014/10/05/VIDE1414468104851998.shtml?spm=C55924871139.PKgX4CXWWE68.0.0,2023年5月15日访问。

成片中，剪辑师运用抽帧技术，加快了镜头速度，让驯鹿群绕过湖湾的镜头只持续了八秒。因为摄像机以远景来拍摄，背景画面是静止的，只有白色的驯鹿群在移动。驯鹿迁徙就像白沙在流动，前后相连，连续成线，直至完全消失，画面充满了诗意。

1.2.4 倒放镜头

倒放镜头在电影洗印中称为倒向印片，操作起来更简单，就是把正常镜头按照与其动作相反的顺序印片。而数字视频的倒放更为简单，只需将片段的播放速度改为负值即可。当速度值为 –100% 时，是原速度倒放；当速度值小于 –100% 时，是加速倒放；当速度值大于 –100%，且小于 0% 时，是慢速倒放。

使用倒放镜头的前提是，前面要有一段正放的镜头，倒放镜头与正放镜头在剪辑逻辑上是前后呼应的关系。仍以 BBC 的纪录片《地球脉动》中的《辽阔平原》为例[1]。

---

[1] 参见《地球脉动》第七集《辽阔平原》，2014 年 10 月 5 日，https://tv.cctv.cn/2014/10/05/VIDE1414468104851998.shtml?spm=C55924871139.PKgX4CXWWE68.0.0，2023 年 5 月 15 日访问。

正放镜头是南非大草原上一望无际的花海，过渡到西藏高原雪地里顽强生长的青草，就是通过倒放镜头来实现的。先是画外音："南半球的草原花开和北半球的一样，而令人印象更深刻的还是南非的草原。"此时画面是特写，在南非大草原上，非洲菊一点一点地绽放。然后镜头拉开，接远景镜头，眼前是一大片非洲菊的花海。这是一段用延时摄影拍摄的正放镜头，剪辑时再以正常的帧速率播放，非洲菊缓慢绽放的过程就被压缩成了几秒钟的时间。

开花过程的正放镜头是倒放镜头的铺垫。后面跟着画外音道，"并不是所有温带草原在夏天都如此丰饶，如此绚丽多彩"，此时使用了倒放镜头。非洲菊由绽开的花朵逐渐收缩成含苞欲放的花骨朵，远景中盛开的花海也变成了遍地的花骨朵。旁白再起，"这是盛夏时节的青藏高原，全世界海拔最高的高原"。镜头从南非繁花似锦的大草原，切换到了风雪中一抹淡绿的青藏高原。此处的倒放镜头与非洲菊绽放的正放镜头前后呼应，有将南非大草原与西藏雪域草原进行对比的意味。

1.2.5 曲线变速

前文提及的时间变调，无论是慢镜头，还是快镜头，其变速都是匀速的。图1-5反映了影视片段经过匀变速后的时间重映射，我们要先看懂速度直线与角度或斜率的对应关系，才能理解曲线变速中的时间重映射。直线x与横轴的角度是45度，斜率是1.00，其速度值是100%，也就是原速。直线y在直线x的下方，与横轴的角度是30度，斜率是0.57，其速度值是原速的57%，这时的片段就是慢镜头了。直线z在直线x的上方，与横轴的角度是60度，斜率是1.73，其速度值是原速的173%，这时的片段就是快镜头了。直线a与直线x的方向相反，与横轴的角度是135度，斜率是-1.00，其速度值是-100%，也就是原速倒放。

对序列上的视频片段进行匀变速，只要不是原速正放，都会使视频片段在序列中的时间映射关系发生变化。假如让片段播放速度变慢，帧速率就会变小，理论上视频片段在序列中的持续时间就会变长。如果允许波纹编辑，整个序列的时长就会增加，或者覆盖后面的视频片段。如果不允许波纹编辑，就需要裁剪超

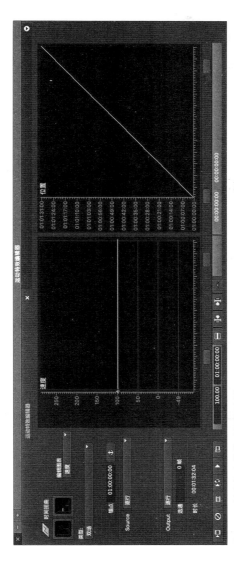

图1-5 片段匀变速的时间重映射

出原时长的部分,以保持后面片段与时间对应关系的一致性。假如加快片段播放速度,帧速率就会变大,理论上视频片段在序列中的持续时间就会变短。如果允许波纹编辑,后面的片段就会整体前移,整个序列的时长也会随之变短。如果不允许波纹编辑,画面中就会出现黑场。

  如果剪辑师不想裁剪片段,也不想序列出现黑场,就需要用到曲线变速。曲线变速可以使视频片段的帧速率发生变化,时而快,时而慢,在波纹编辑被禁用时,就可以避免裁剪超长片段的余量,或者片段余量不足时产生黑场。曲线变速还可以使画面产生更加明显的张弛节奏变化,更具有视觉冲击力。比如一场足球比赛的直播中需要插播回放刚刚的进球,此时可以用动画镜头分隔实时场景和回放场景,以免观众混淆和误判。这段动画镜头可以这样设计:足球从画左以极快的速度入画,速度越来越慢;飞到屏幕中央后停顿一下,以让观众看清足球上的赛事标识;然后再以越来越快的速度飞向画右,直至出画。这段动画模仿的就是接球和传球的动作,采用符合填充(或称适配填充)的直线变速是无法实现的,而采用曲线变速就可以。

曲线变速是通过曲线上的关键帧和斜率来控制视频片段的播放速度的。如图1-6，速度窗口的曲线上多出了6个关键帧，每个关键帧都对应一个速度值。速度窗口横轴表示相对时间，纵轴表示实际速度。关键帧1的速度值为0%，关键帧6的速度值为50%，中间4个关键帧的速度值分别为57%、100%、225%和100%。我们可以将时间轴上竖线代表的播放头移动到任意时点，点击工具栏上三角形图标的按钮添加关键帧，关键帧就被加到速度曲线上；然后沿纵轴方向拖动关键帧，就可以设定该时点的播放速度。当然，还可以将关键帧切换成贝塞尔曲线模式，通过拖拽贝塞尔手柄，就能改变速度曲线的曲率。只要相邻的关键帧的速度值不同，播放速度就会产生相对的快慢变化，这就实现了视频片段的曲线变速以及时间重映射。

在图1-6的位置窗口中没有关键帧，用速度曲线的斜率来反映速度的实时变化。位置窗口的横轴是相对时间，纵轴是实际时间。前文介绍直线变速时说过，视频片段原速的角度是45度，斜率是1。对于位置窗口任意时点的曲线，当其切线与横轴的角度小于

剪辑的**秘密**

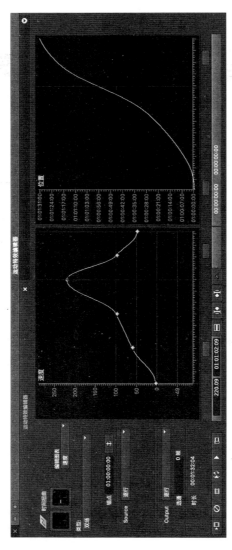

图1-6 片段曲线变速的时间重映射

45度，也就是斜率小于1时，就是速度减慢；当其切线与横轴的角度大于45度，也就是斜率大于1时，就是速度加快。当速度曲线不是左低右高的上翘状态，而是左高右低的下垂状态时，就是倒放。在135度线上方是加速倒放，在135度线下方是减速倒放。这样我们就能读懂速度曲线的含义了。在非线编辑软件中，如果视频片段经过变速：直线变速的片段名称后面就会有速度百分比（或实际帧速率），倒放的百分比前面会多一个负号，以示区分；曲线变速的片段名称后面有的没有速度百分比，只显示"可变"，有的显示三个百分比，对应着前、中、后三个关键帧速度的百分比值。

剪辑必须了解的
概念

第2篇 空间

2.1 认识空间

什么是空间？空间是与时间相对的一种物质客观存在形式，但两者密不可分。物与物位置差异的度量称为"空间"。空间需要由长度、宽度、高度和大小表现出来，可是空间的位置却要通过"时间"的变化来反映。影视剪辑中所说的空间都是具体化和形象化的空间。因为时间无法可视化，所以我们就用便于可视化的长度或角度来标识时间。非常有趣的是，空间的大小和位置的表达，也是通过长度或角度来呈现的。

空间是相对于时间而言的，并以时间为前提。当我们说处在某一空间时，都带有"此刻"或者"彼时"的约定或暗示。失去时间的约定或暗示，所指空间就失去了存在的基础。空间使事物具有了变化性，即因为空间的存在，所有事物才可能发生变化。当我们交代空间时，都是事先锁定一个时间作为起点，然后随着时间变化，呈现空间的状态和变化。我们锁定的可能是确切的某一时刻，也可能是某个时段、某个时期、某个时代，然后依据自己的生活经验和知识积累，以与时间特征相匹配的方式进行思维。

人们总是要先弄清楚时间的参照系，再以那个时刻或时段、时期、时代的空间特征去思考问题。比如，同样都是人物在空间中运动，古代人骑马，快马加鞭，八百里加急才是"快"；现代人开车，油门踩到底，引擎轰鸣才叫"快"；未来人驾驶宇宙飞船，引擎全开，全速航行才算"快"；神话人物腾云驾雾，一个筋斗十万八千里才称"快"。时间的参照系不同，在空间中运动快慢的判断标准也不同。这就是我们认为时间是空间的前提的原因。

基于观察的角度和层次，空间可分为物质空间、社会空间和心理空间。物质空间表现的是可视空间，社会空间表现的是人物关系，而心理空间表现的则是人物内心活动，包括各种梦境、幻觉、回忆等。

2.2　物质空间

物质空间是人物的生存空间与活动空间，是由景物构成的可视的具象空间环境。可以宽泛地说，观众从屏幕上通过视觉感受到的内容都是物质空间。既然影视片展现给观众的物质空间的外在空间载体是屏幕，那么我们就不得不研究屏幕的形状、尺寸和宽高比，以及屏幕的中心、四角和边线。

2.2.1　屏幕的形状

先说屏幕的形状。既然摄像机的镜头是圆形的，放映机的镜头也是圆形的，为什么影院的银幕和电视的屏幕不是圆形的，而是长方形的？为什么它们都是横式长方形，而不是纵式长方形或者正方形？

那就要分析一下屏幕的形状。为什么不能选圆形屏幕？因为，"圆形屏幕给人以随时滚动起来的感觉，不利于观影的心理放松与稳定"[1]。而正方形又是一种"自

---

[1] 唐建军：《电影视觉空间研究》，中国书籍出版社2019年版，第38页。

我完满而又相对呆板的构图"①，因为它的四条边必须相等，上下与左右互相牵制，中心到四条边和四个角的张力也大致相等，而且有四条对称轴。正方形屏幕不仅对画面构图的限制颇多，而且极其呆板和缺乏活力。

长方形的屏幕画面构图就灵活多了。长方形仅要求对边相等，两组对边是相互独立的，对角线的夹角也可大可小，从中心到四边以及四角的张力也能有所变化，并且只有两条对称轴。它可以横向延伸，也可以纵向扩展，还可以向四个方向伸缩，长方形屏幕的变化是十分灵活和丰富的。长方形屏幕的宽高比变化多样，传统标清视频的宽高比是 4:3（1:1.33），常见高清视频的宽高比是 16:9（1:1.78），电影画面的宽高比除了 16:9 之外，还有 1.85:1、2.35:1、2.40:1 等多种形式。

横式长方形成为屏幕形状的根本原因在于，其更接近人眼的视域。人的两只眼睛都长在前方，左右对称，水平视野比垂直视野宽。长方形符合人的视觉习

---

① 唐建军：《电影视觉空间研究》，中国书籍出版社 2019 年版，第 39 页。

惯，宽屏幕与人眼视域最为接近，人眼看起来更省力。长方形屏幕的基本构图方式是横向构图，画面通常是平和、安闲和宁静的。这符合观看影视片时的情境，呈现了一种工作和学习之余的消遣和放松的生活状态。如果是纵式长方形屏幕，观众就需要收缩水平视野范围，并将注意力集中到垂直方向上来，那就不是消遣和放松的休息状态了。

2.2.2 画面的景别

对于长方形的屏幕而言，一旦宽高比确定下来，画面物质空间最直观的表现就是景别了。那么，什么是景别呢？"景别"是指在画面中被摄主体呈现的大小和范围。从全景到特写，变化的不是画幅的大小，而是拍摄距离的远近。不管用什么景别来拍摄，剪辑时画幅的大小都是一样的。全景与特写的区别在于，全景是在距离被摄主体比较远的位置拍摄的画面，特写是在距离被摄主体比较近的位置拍摄的画面，而距离的远近反映的正是空间关系。

北宋大画家郭熙将欣赏中国山水画的审美依据概

括为"远观其势,近取其质"①。"远观其势"是指我们从整体上观照自然,获得先入为主的第一印象。"近取其质"是指我们对审美对象仔细观察,欣赏其细节与特征,体会其内在的精神。"远观其势,近取其质"阐释了中国人面对自然时独特的视觉空间与心理空间,而视觉空间和心理空间正是景别选择的第一要义。

　　景别是镜头最基本的属性,所有的影视片都与景别息息相关。以拍摄人物为例,按画框截取人体的部位来划分,裁身点的位置分别在腋下、胸下、腰下、臀下、膝下和脚下,对应的景别就分别是特写、近景、半身景、中景、大中景和全景,如图2-1所示。裁身点的位置恰好位于主要关节的下方,腋下对应的是肩关节的下方,胸下和腰下分别对应的是胸椎和腰椎的下方,臀下对应的是髋关节的下方,膝下对应的是膝关节的下方,脚下对应的是踝关节的下方。这样构图的目的是让裁身点附近的肢体动作得以完整呈现。按上述几个裁身点截取的人像画面,就像摄影中的特写、

---

① 参见《林泉高致》,该书是北宋著名画家郭熙(约1000—1090)辞世后,其子郭思根据他生前所言整理而成的一部山水画论。原文为:"真山水之川谷,远望之以取其势,近看之以取其质。"

第 2 篇
空间

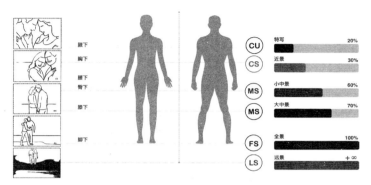

图 2-1 人像的不同景别画框截取范围

头像、半身像、七分像和全身像一样，无论是对于一个人，还是几个人，都是赏心悦目的构图。

需要注意的是，沿着人物腰部位置截取即半身景，通常是不可取的。如果要表现人物的肢体动作，半身景不如大中景，因为它无法表现腿部的姿态和行动。如果要表现人物的神态和面部表情，半身景又不如近景，因为人像近景的面部表情比半身景突出，而半身景比近景多出来的部分会削弱人物面部表情的表现力。从摄影构图的角度来看，腰部位置正是上装与下装的交界区域。人像半身景画面不是把上装展示得不完整，就是无法辨别下装，问题都比较明显。所以，人像中景通常是按人体五五分后上下调整来截取：向上截取四分，截取到胸部下方 20 厘米左右处，相当于四分像，即小中景；向下截取七分，膝盖上方 20 厘米左右处，相当于七分像，即大中景。如果要拍人像全景，就必须包括脚，在脚踝上方截取的画面构图并不优美。

以画框截取人体不同位置来划分景别的方式，源于人像摄影的表述习惯。另一种划分方式以被摄主体在画面中所占比例的大小为划分景别的标准，可以将景别分为远景 [LS（Long Shot）或者 VWS（Very Wide Shot）]、全景 [FS（Full Shot）或者 WS（Wide Shot）]、中景 [MS（Medium Shot）]、近景 [CS（Close Shot）] 和特写 [CU（Close Up）] 五个层次。这些术语的英文缩写经常会出现在场记单或机位设置的草图中。不过，它们的英文名称并不统一，这说明其使用是非常灵活的，或者只为了表达一种空间概念。

专业术语并不能给出拍摄的绝对距离。拍一座房子的近景或拍一个人的近景，摄像机与被摄主体之间的距离并不相同。以拍摄人物为例，我们只能根据经验，给出大致的构图标准：全景是拍摄全身的景别，中景是拍摄膝盖以上部分的景别，近景是拍摄胸部以上部分的景别，特写是拍摄肩部以上或其他细节的景别。"远景""全景""中景""近景"和"特写"这些专业术语有相当大的灵活性，因为"景别"是一个相对的概念，我们无法在不考虑具体拍摄场景的前提下，给出摄像机与被摄主体之间的绝对距离。

2.2.3 景别的心理意义

景别是被摄对象与摄像机镜头之间距离远近的直观反映，这是景别在视觉空间上的意义。不仅如此，景别选择的依据是"观众"的视觉角度和视野范围，而"观众"不过是导演和剪辑师想象出来的，所以景别体现的距离关系具有物质和精神的双重属性。

在拍摄远景时，镜头离被摄对象远；在拍摄近景时，镜头离被摄对象近。镜头的焦距长短和光圈大小对应明确的数值，镜头与被摄对象之间的距离也可以被测量，这些都是景别物质属性在视觉空间上的反映。

镜头不仅决定了"观众"的空间位置，同时也在模拟"观众"的眼睛，呈现"观众"的视觉角度和视野范围。

可是，在镜头里看不到任何一个观众，没有人知道观众是多是少、是男是女、是老是少，观众只存在于导演和剪辑师的想象中。"观众"就像隐形人似的，总是待在恰到好处的位置上，"目击"镜头所呈现的一切。所以，景别还有精神层面的属性，是心理空间距离的反映。

2.2.3.1 远景

远景就是深远的镜头景观。即便远景画面中有人像，它也只占很小的面积。基于景距的不同，远景又可以细分为大远景、远景和小远景三个不同层次。大远景用于表现十分广阔的场面、浩瀚的自然景色或大范围区域。远景则用于展示人物的全身及周围广阔的空间、环境、自然景色和人群，负责交代环境和气氛。小远景也称半远景，画面中不留多余的空隙，一般用于拍摄人物的活动空间，或者相当于背景。远景向上延展，叫极远景，是镜头极端遥远的景观。在拍摄极远景时，摄像机距离被摄对象比较远，画面中的人物小如蚂蚁。极远景场面广阔，景深悠远，其功能以营造气氛、抒发感情和渲染氛围为主。

远景镜头具有开阔的视野，包容的景物较多，且景物笼统又模糊，看不清细节，观众甚至难以区分出画面中的主体和陪体。即便画面中的主体能够被找出来，也可能有多个。远景镜头并不强调层次关系和主次轻重，其要义在于"远取其形"。直面远景镜头，观众在心理上是超脱的，完全置身于画面之外，有如高空翱翔的雄鹰，以旁观者的视角和居高临下的姿态纵览全局。远景和极远景都能全面整体地反映事物所处的环境，视野开阔，景物容量大，视觉信息多，能给观众一种居高临下、纵览全局的感觉，所以一般用于影片的开头或者结尾，也可能出现在一段场景的开头。

远景镜头有两大核心用途：一个是"取势"，另一个是"达意"。远景从大处着眼，一般侧重"取势"，可以表现时间上的趋势、环境上的态势和规模上的气势。远景镜头寓情于景，可以创造自然含蓄的美感和无限深远的意境，具有抒发情怀、表明志向和憧憬理想的作用，即"达意"。毕竟远景镜头表达的要义在于"远取于形"，相对于全景镜头表达的"远取于势"来说，还是概括和含蓄了一些。势由形出，形随势变，对于"形势"的交代才是远景镜头的主要任务。

远景镜头表达的"势"基于"形"而来，远景镜头通过"形"来结构空间、虚化空间和压缩空间，以达到突出环境、营造美感和诗意氛围的目的，而不是用镜头来叙事。原因在于，远景镜头中可能没有明确的被摄主体，即便有也不是强调的重点。全景镜头表达的"势"要明确被摄主体，通过被摄主体把"势"传达给观众，目的是准备和交代接下来镜头叙事的空间环境和人物关系。用远景镜头"取势"，镜头要放空、要超脱，才能取得"达意"的效果；用全景镜头"取势"，镜头要落实、要具象，才能为主体在空间中的活动提供来源和依据。这是两者在用法上的区别。

远景镜头重在"取势"和"达意"，因此在构图上要尽量寻找具有概括力的形象，提炼出明确的线条、轮廓、形状和色调，构成骨架，切忌景物庞杂重叠，或者影调和色调斑斑点点、五彩缤纷。如果想让某种景物占据画面的主要位置，就必须由某种色调形成画面总的趋势。在做远景镜头的构图时，要特别注意两点：一是不要安排较大的景物作为前景，否则就会分割画面，破坏远处景物的气势；二是要找到画面中某一事物作为支撑点，同时起到参照物的作用，以结构画面。

远景镜头的场面比较大，纵深比较长，画面传达的信息量比较大，因此观众需要从中捕捉的细节也比较多。观众需要根据镜头中提供的细节信息，结合剧情以及自身的知识和经验，找出时间和空间两个维度上的心理坐标；要先弄清楚"什么时候"和"在哪儿"，然后才能调整和适配相应的心理状态，看懂、理解进而融入剧情。观众需要一定的时间来消化和理解画面所传达的信息，因此远景镜头要留出足够的时长，一般时长应持续6—8秒，而特写镜头的时长只需持续1—2秒就足够了。

2.2.3.2 全景

全景是指摄取人物全身或较小场景全貌画面的景别，其构图相当于话剧或者歌舞剧场的"舞台框"，用于表现环境全貌和人物整体，有别于局部的整体景观与场面。与远景相比，全景有比较明确的表现对象，比如表现一个人、一个物或一个场景的全貌。同时，远景和全景都属于大景别，适合表现广阔的景物空间，都具有抒情的意味，可以给人丰富的联想。全景一般展示一个特定的叙事空间，以表现人与特定环境的关系、人物或物体的运动和行为。

比全景景别大一些的是大全景。大全景是指包含整个被摄主体及其周遭大环境的画面,通常用来交代主体与环境之间的关系,为后面的情节发展做铺垫,因此也被叫作角度最广的镜头。比全景景别小一些的是小全景。在小全景中,人物"顶天立地",相对完整,但其画面构图比全景小得多。在小远景和大全景画面中,主体所占的视觉空间是差不多的,难怪很多人将两者混为一谈。区分两者的关键在于,是表现环境氛围,还是表现主体形象,表现环境氛围属于远景,表现主体形象则属于全景。

全景镜头在心理上有两个价值:一个是"定位",另一个是"定调"。全景画面往往用于交代事物之间的相互关系,常出现在影视段落的开始。在影视段落中,全景往往是一个段落的主镜头(master),能够起到"定位"的作用。各个事物在画面中的位置关系、活动空间和动作方向都被全景镜头交代得清清楚楚。与此同时,全景镜头还为后面的副主镜头(coverage)提供了一个总角度,以确定一组镜头总体的光线效果及轴线关系,并成为剪辑时镜头组接的依据。在全景镜头中,周遭环境也占了一定的画面空间。全景镜头不仅要交代清楚事物与环境的关系,让事物和环境的关系更加密切,还要让特定环境起到渲染气氛的作用。因此,全景镜头有"定调"的作用,即确定影视段落的画面影调、整体色调和情感基调。

全景镜头主要用于客观地表现被摄对象的全貌。全景镜头属于大景别镜头,与远景、中景、近景和特写比较,全景镜头不会对被摄对象进行缩小或者放大,基本没有过多人为的主观取舍,所以画面仍然是比较客观的。全景的要义在于"远取其势",在画面主体比较多的情况下,全景镜头可以通过画面构图,反映出主体之间关系样貌的形式、态势和趋势。从观众的角度来看,全景镜头像个"舞台框"一样,将被摄主体原原本本地展现在其中。"舞台框"框住了被摄对象,也框住了观众。面对全景镜头,观众不能像面对远景那样,完全超脱于画面,任意游走,因为观众自身所处的方位、距离和角度其实是被锁定了的;但是,观众仍处于舞台之外,不能被赋予舞台上人物的主观视角,也不会随着人物的活动而产生位移或做出动作,因而仍然能够保持"局外人"的安全距离和客观视角。

全景镜头的构图应确保画面中主体形象的完整，避免缺少边缘，也不要"顶天立地"。既要保留事物外部轮廓线的完整，又要在主体周围留有适当空间，就是常说的要"透气"。如果主体是运动的，就要在行进方向留出一定空间，还要在人物的视线方向留出视觉空间，不要让画框"撞"到人脸。在使用小全景时，应在小全景画面之前，保留构图完整的全景画面，以明确空间和位置关系，让观众对人物所处的环境方位有所了解。如果全景镜头画面中出现周遭环境，那么地平线必须是水平的，建筑的外立面、树木、电线杆等必须是垂直的，这样画面才有稳定感。尤其需要注意的是，地平线不能出现在人物脖子的位置——这种构图像"砍头"，是非常忌讳的。避免的根本方法是，绝对不要让地平线出现在人物身后。

2.2.3.3 中景

中景是指摄取人物小腿以上部分或者与此相当场景的镜头，常用于表现人物的形体状态和空间运动，因此其构图必须非常灵活。在实践中，中景的人体分截高度只要在腰、臀或膝处，再稍微向下一点，就能得到赏心悦目的构图。

中景镜头既能呈现人物的面部表情,又能观照人物的姿态和动作,非常适合表现运动中的人物及其位置关系。中景镜头不像小景别的近景和特写镜头那样,对事物的表现过细,也不像大景别的远景和全景镜头那样,对事物的表现过粗,尤其适合充分展现人物之间的交流。而且,中景镜头的取景范围较宽,可以在同一画面中展现几个人物的活动,所以常常用于交代人物之间的关系。

中景镜头呈现的空间比较接近日常生活中的角度和距离。从心理学的角度解释,全景镜头就像让观众在舞台下看,中景镜头则像把观众请到了舞台口,观众与演员不再毫不相干。中景镜头给观众设定的位置比较适中,既不上前贴近观察,也不局外冷眼旁观。观众可以清楚地看到中景镜头中的演员,既不俯视,也不仰视,可以非常接近地对其上下左右反复打量,但又不致"走进"角色或成为角色本身。

中景镜头可以呈现画面中人物的表情,甚至是人物的眼睛,这让观众有了一定的参与感。正因如此,使用中景镜头,可以轻松地切入与画面中人物相匹配的主观镜头，从而使观众深入参与其中；还可以切入全景镜头，将观众带出画面，使其与画面中的人物疏离开来，成为一个"局外人"。所以，中景镜头的用法非常灵活，其主要功能也是最大优势在于表现情节。

在影视片中，中景镜头所占比例较大，主要用于需要识别背景或者交代动作路线的场合。在远景和全景镜头中，环境是主角；而在中景镜头中，环境成为次要的表现对象，因为中景镜头只能保留一小部分景物，绝大部分景物会被挤到画框之外或者置于景深之中。中景镜头不但可以增强画面的纵深感，表现一定的环境和气氛，还可以通过镜头的组接，把某一冲突的经过叙述得有条不紊，因此中景镜头也常用于叙述剧情。

中景镜头可以表现人与人之间、人与物之间的相互关系，在影视片中常用于表现人物对话、展现人物之间的交流和反应。中景镜头有助于表现人物的动作和姿态，在拍摄时应注意人物手势的完整性，避免出现手臂伸出画面或上半身被画框切割的情况。不管什么景别，画面中人物的裁身点都忌讳出现在膝、腰、颈、腕、肘等肢体可以弯曲和活动的部位，因为如果不能完整地展现人物的动作和肢体语言，观众就会不明所以。除了要突出表现的人物，中景画面中可能还会出现其他人物，他们的裁身点可能也不相同。合理的裁身点应该在腋、腰、膝、肘、颈等部位稍微向下一些的位置。当取在颈部时，应尽量带上肩膀，这样画面更加稳定，构图也比较令人赏心悦目。

2.2.3.4 近景

近景是指摄取人物胸部以上画面的景别，有时用于表现景物的局部，适合表现静止中的人物及其位置关系。在表现人物的近景镜头中，人物形象占近景画面一半以上的空间，人物的面部特征、神态表情和内心活动是画面中最重要的内容表达；人物的头部成为观众注意的焦点，尤其是人物眼睛的样子和眼神的波动，会给观众留下深刻的印象。

在近景镜头中，环境空间被淡化，处于陪体的地位，有时背景还会被虚化，其中的造型元素只剩下模糊的轮廓，这样有助于更好地突出主体。近景镜头中的人物大多是单人构图，当然也可能有两个人甚至更多人同时出现的情况，这完全取决于摄影师的创作意图和影视作品的自身需要。近景常被用来细致地表现人物面部的神态和情绪，以此来刻画人物的性格。因此，近景是将人物或被摄主体推到观众眼前的一种景别。

"近取其神"，近景镜头的主要作用是表现人物的神态、表情和细节，表现人物的情绪和内心活动。近景镜头将周遭环境更多地挤压到画框之外，或者使其淹没在画面的景深之中，剩下的也完全处于陪衬地位，以此进一步突出主体。近景镜头的画面空间超出了现实生活中人眼对事物的正常视觉感受范围，有一种"放大"的意味，观众的视觉"强制性"得到了增强。

近景镜头的心理距离是面对面，凑近了查看。近景镜头的心理角度是正面直视，不容回避和躲闪。观众看中景镜头中的人物是"打量"，看近景镜头中的人物则是"端详"。"打量"只是一般观察，观众的精神参与程度较低；"端详"则是仔细观察、聚精会神地看，观众的精神参与程度较高。

近景镜头拉近了观众与被摄主体之间的心理距离，使观众对被摄主体产生强烈的亲近感。近景镜头可以清晰地呈现画面中人物的眼睛，使观众洞悉其内心情感，还可以基于人物眼神的位置切入主观镜头，使观众产生强烈的参与感。这是远景和全景等大景别镜头不容易做到的。所以，近景镜头通常用于呈现人物的面貌，表达人物的情感，刻画人物的心理活动，揭示人物的情感世界。

近景镜头可以表现人物的神态、表情、细节以及人物的情绪和内心活动。在拍摄人物近景时，要注意"近取其神"，要注意处理人物的头部姿态、面部表情、眼睛和嘴部的细微动作。如果人物的手部进入了画面，那么要特别注意手的动作和手势。近景常常用于表现事物的局部特征，在处理画面时，应注意运用光线表现物体的纹理、质地和层次。

2.2.3.5 特写

特写镜头是距离被摄主体视距最近的镜头，它可以把被摄对象从背景中分离出来，简化背景，通常以人物头像为取景参照，突出强调人像的局部或景物的细节。特写镜头可以把人物的细部动作和面部表情完全展现出来，生动地刻画出角色的性格特征和内心情感。比特写景别更小的是大特写，大特写主要用于捕捉人物眼神和情绪的细微变化，比如愤怒、恐惧、羞涩等。大特写是一种更强烈的表现方式，能产生更刺激的视觉效果，激发观众的心灵感应。极特写的景别比大特写还小，更能突出细部特写，尤其是头的局部以及身体或物体的某一细部，比如眉毛、眼睛、枪栓、扳机等。这种极度放大的影像可以用于记录工作，比如医学或者科学研究影片，以及科幻片或者实验电影。

特写镜头主要用于表现细节，具有概括力，单一又凝练。细节刻画主要是为了艺术的概括，通过一点来透视人物的内心或事物的本质。在画面构图上，近景镜头和特写镜头往往容易混淆，近景的要义是"近取其神"，特写的要义是"近取其质"，两者的镜头语言是有显著差别的。特写的重点是抓取富有表现性的细节，把日常生活中某些细微的、不被人注意的，但却蕴藏着的丰富的生活内容展示给观众，揭示事物的本质，引人联想，引人深思。

特写镜头注重表现事物的内在本质，可以排除外部空间的干扰，将观众的注意力引向事物内部，透过外表看本质。在特写镜头中，被摄对象充满画面，人物的面部表情被细微地表现出来，比近景镜头中更加接近观众，背景则处于次要地位，甚至消失。之前我们说过，当你不断地追究细节的时候，细节的细节就不再是细节本身了。特写镜头主要用于描绘人物内心活动，通过人物的面部表情，把其内心活动传达给观众，给观众带来生活中不常见的特殊视觉感受。

特写镜头的心理角度像是正面凝视。凝视是指人的眼睛目不转睛地看，长时间聚精会神地看，而且带着某种神情，看的对象是人或具体的静止事物。特写镜头的心理距离突破了人际交往的安全距离，观众以一种近乎"侵犯"的姿态接近被摄主体，洞悉表象，直达人物内心。特写镜头有很强的主观感情色彩，含蓄且寓意深刻。在特写镜头中，被摄物体的细部被强行"放大"，观众的注意力被"强制性"地集中到事物的局部。特写镜头可以造成"凝视""审视""触目惊心"等视觉效果。匈牙利电影理论家贝拉·巴拉兹（Béla Balázs）在他的代表作《电影美学》里说："优秀的特写都是富有抒情味的，它们作用于我们的心灵，而不是我们的眼睛。"[①]

[①] 〔匈〕贝拉·巴拉兹：《电影美学》，何力译，中国电影出版社2003年版，第45页。

特写中的人物或对象均能给观众以强烈的印象,让观众有特别强烈的参与感。特写还可以调动观众的想象,使其以小见大,通过局部洞察全貌。特写镜头能使被摄主体较之于事物本身,更能显示出其内在含义,以便于寄托创作者的特殊感情。在影视片中,特写中往往蕴含重要的戏剧因素,接连几个特写镜头往往预示着即将发生某种意想不到的突发状况。在一个蒙太奇段落或句子中,特写镜头有强调和加重的含义。比如,拍摄老师在讲课,镜头给的是中景,切换到讲桌上的一杯水时,镜头给的却是特写,往往意味着这杯水,很可能不是普通的水。特写画面的景别较小,没有明显的环境特征,常被用作转场,或者校正前后镜头的跳轴,起到承上启下的作用。

特写镜头要抓取人物富有表现性的神情,让观众能够联想到人物的命运,从而更深刻地揭示人物所处的环境和时代特征。在拍摄特写时,往往需要抓取最能揭示人物内心活动的部分,比如眼睛和手,从而让观众洞悉和探索不同人物的内心世界。"眼睛是心灵的窗户",人的思想感情、喜怒哀乐,都可以从眼神中表现出来;"手是人的第二张脸",人物行为和动作的焦点往往体现在手上——长期劳动的手可以赋予人物明显的职业特征，手部的动作常常不自觉地体现出人物的内心感情。

2.2.4 景别的选择

"景别"是一个空间的概念，反映的是空间的大小。远景镜头空间大，信息量也大，所以要给远景镜头留出更长的时间，让观众得以消化画面传递的信息。特写镜头空间小，信息量也小，所以给特写镜头留出的时间就比较短。"景别"还是一个距离的概念，不同景别反映了观众与被摄主体之间距离的远近。远景是在距离被摄主体比较远的位置拍摄的画面，特写是在距离被摄主体比较近的位置拍摄的画面，而距离的远近反映的还是一种空间关系。

但是，我们必须清楚，"景别"是一个相对的概念，"远景""全景""中景""近景"和"特写"等有相当大的灵活性，无法规定具体情况下的绝对距离。某一事物相同大小的画面在这个影视段落中是特写，到了另一个影视段落中则可能就是全景。比如，拍摄一匹马在马厩里的全景，在同样的尺寸规格的情况下，当放到原野上时，构图就变成近景甚至特写了。我们在判断影视段落中某一画面属于什么景别时，不能单纯地看被摄主体在画面中所占空间的大小，还要看被摄主体在具体画面中表现什么主题。

　　由于摄像机镜头是在模拟观众的眼睛，因此当摄像机在做推拉摇移俯仰跟的动作时，观众就能够感受到自身与之对应的动作。推是往前接近看，拉是往后退着看，摇是转头看，移是横着跨步看，俯是低头看，仰是抬头看，跟是追着看。不管什么样的景别，最终都会落实到让观众怎样"看"这一具体情境中来。景别是观看的结果，呈现了观众与画面主体之间的空间距离。观众以什么方式去看，就对应什么样的景别，同时也对应一定的空间距离。明白了这一点，在选用景别时，就不会再去为拍摄距离的远近，以及画面主体的大小纠结了，只须还原成观众观看影视片时的情境，想让观众怎样看、看什么，就给观众什么样的景别。如果套用生活中的人际距离，按照观众看的距离和方式，不同景别的心理感受大致是这样的：

（1）远景镜头的"看"是眺望。眺望是从高处远望，看到的画面是远景。远景重在"远取其形"，观众离得远，看不清细节，只能看到大致的轮廓。此时，观众在心理上是超脱的，完全置身于画面之外，以旁观者的视角和居高临下的姿态，纵览全局。

（2）全景镜头的"看"是观察。观察是集中精神观看，或者从侧面暗中察看。全景重在"远取其势"，观众可以看清时间上的趋势、环境上的态势和规模上的气势。观众就在旁边，却又置身事外，以"八竿子打不着"的心理状态，作壁上观。观众作为一个旁观者，距离被摄主体在两个人身长以上。观众是相对安全的、客观的、超脱的，对被摄主体也没有任何"侵犯"。

（3）中景镜头的"看"是打量。打量是上一眼下一眼、左一眼右一眼地看。观众能看清主体的一举一动，可以主动接近，也可以冷眼旁观。观众距离被摄主体一个跳跃，也就是两米左右。中景能表现人物的肢体动作和表情，一个跳跃的距离也就是被摄主体在原地做任何动作空间范围的极限，是人际交往中不亲密也不疏远的安全距离。

（4）近景镜头的"看"是端详。端详是走到面前，仔仔细细地看。近景重在"近取其神"，观众可以看清并知晓每一个细节。观众距离被摄主体一个跨步，也就是不到一米。这已经是人际关系中比较亲密的距离，抑或闯入甚至侵犯私人空间的距离。此时，观众的主观情感参与程度比较高。

（5）特写镜头的"看"是凝视。凝视是观察得很透彻，看穿其本质。特写重在"近取其质"，凑近了看，就是要透过其表象，洞察其本质。观众距离被摄主体一臂长，在大特写中，则是约一肩宽。在人际关系中，这些都是特别亲密的距离，彼此洞察秋毫，揣摩内心，比如亲密朋友之间、情侣之间以及母亲与婴儿之间的距离。此时，观众有强烈的交流感和参与感，也可能是对人身严重的侵犯和挑衅。

一般来讲，在远景和大全景中，环境是主要的被摄对象；在全景和中景中，环境与人的比例较为均衡；在近景和特写中，人物是主要的表现对象。在全景交代完角色之间的位置关系之后，剩下的故事主要由中景来讲。中景的使用比较频繁，因为它最能体现主体的动作和姿态，展现角色之间的情感交流。在表现人物形象的时候，面部、胸部、手臂等是中景主要表现的内容。与中景相比，近景镜头的取景范围缩小了，背景环境也变少了，主体更近，也更突出了。如果要通过面部表情刻画人物性格，就应该使用近景。近景可以将主角的细微动作和面部表情全部展现给观众，可以营造出强烈的交流感。我们通过镜头来叙事，会穿插使用几种景别，每一种景别都不是孤立存在的，它们在相互配合的过程中，共同构成叙事空间。

总而言之，景别不仅反映了画面视觉空间的大小，也反映了观众与画面主体之间的心理距离。大景别是"远观全貌取其势"，小景别是"近察秋毫得其神"。只有关注具体的情境，我们才能深刻地体会景别的心理状态和情感色彩，而不是仅从画面主体大小和拍摄距离远近的角度去考量和选取景别。

2.2.5 叙事空间

时间的流变和空间的转换，在影片中有着无穷的潜力，这正是镜头叙事的重要条件和基本特征。安德烈·戈德罗（Andre Gaudreault）和弗朗索瓦·若斯特（François Jost）曾说："在影片的叙事中，空间其实始终在场，始终被表现。"[1]这种从不缺席、始终被表现的空间叫作叙事空间。所谓叙事空间就是指："用以承载所要叙述的故事或事件中的事物的活动场所或存在空间，它以活动影像和声音的直观形象再现来作用于观众的视觉和听觉。"[2]无论是空间的大小，还是空间的位置，指的都是物质空间。物质空间是人物的生存空间和活动空间，它是由景物构成的可视的具象的空间环境。可以宽泛地说，观众从屏幕上通过视觉感受到的内容都是物质空间。

把物质空间视同画面景别，其实并不严谨。这是因为，画面景别反映的是静态空间，它的被摄主体是相对静态的，或者说它的画面构图是"死"的。而画面中的人物却是"活"的，他们要在场景中活动，有时还会离开画面，这是动态空间的反映和表现。画面中的人物从画框的上、下、左、右的任何一边离开，叫作

---

[1] 〔加拿大〕安德烈·戈德罗、〔法〕弗朗索瓦·若斯特：《什么是电影叙事学》，刘云舟译，商务印书馆2005年版，第107页。
[2] 黄德泉：《论电影的叙事空间》，《电影艺术》2005年第3期，第18页。

"出画"。与之相反，人物经由画框的上、下、左、右的任何一边进入，叫作"入画"。既然涉及人物出入画，就必须面对物质空间的转换问题。这个问题十分重要，直接影响镜头呈现时空关系的真实性。怎样才能既照顾到人物的空间活动，保证人物出入画自如，又兼顾空间关系的真实性，避免给观众造成空间感知的混乱，保证画面的流畅性呢？这还真不是三两句能说清楚的。画面空间的构成情况比较复杂，情况不同，处理方式也不相同。

第一种情况是在同一叙事空间中的主体活动。我们在组接镜头时，应该让主要人物既不出画，也不入画，以此来保证空间关系的一致性。我们可以先用一个全景镜头作为主镜头，构建叙事空间，然后让主要人物在全景镜头限定的空间内活动，这样观众就不会产生空间认知和理解上的困惑了。

第二种情况是在不同叙事空间中的主体活动。此时，镜头组接比较自由，主要人物既可以出画，也可以入画。因为，事先已经交代了，前后镜头的场景是发生在不同时间、不同地点的，不需要向观众传达空间关系的一致性。

第三种情况是在同一叙事空间中，大空间相同、小空间不同的主体活动。我们在组接镜头时，对于开始和结尾的镜头，可以让主要人物出入画；对于中间的镜头，要让主要人物既不出画，也不入画。叙事空间大的场景意味着，画面空间宽度或者高度超出了副主镜头所能覆盖的范围，观众不能一眼就看清所有场景。在心理上，观众会把大空间分割成许多小空间来认识和理解。所以，大空间是指认知逻辑上的大空间，其在视觉上还会被分割成不同的小空间。不同空间的镜头组接规则就是，主要人物既可以出画，也可以入画。每个小空间可以被视为独立空间，独立空间中的镜头组接的规则是，主要人物既不出画，也不入画。这两种规则结合起来就是：在开始和结尾的大空间内，主要人物可以出入画；在中间镜头的小空间内，主要人物既不出画，也不入画。

以上讨论的是，为了保证叙事空间的真实性和一致性，主要人物如何出入画的问题。那么，怎么确定出入画的方向呢？如果一个人物从右边出画，那么下次入画一定要从左边进入。如果想让下次入画还从右边进入，那么就要在两个镜头中间加入一个人物转方向的过渡镜头。这就是影视片中出入画剪辑的一般方法。

2.3 社会空间

　　物质空间属于具象空间，社会空间则属于抽象空间。社会空间是指人与人之间一种社会关系的综合形象，它是一个虚化的抽象空间，但又有具象的特征表现。人们主要通过物质空间的环境和道具，以及人物的服饰和行为方式等具象的东西，来感知社会空间的存在。社会空间的核心是关系，包括各种社会因素之间的相互关系，比如种族、阶级、家庭、婚姻等。社会空间是在物质空间的客观基础上，为人物的精神活动提供范围更为广阔、内容更为丰富的环境。无论是简单关系，还是复杂关系，用影视语言来表现，都必须转换成具象化的人物和生活化的场景。最常见的表现手段就是，在拍摄时，通过改变人物位置和拍摄角度，影响不同人物在画面中的占比，进而区分其在剧情中的主次轻重，最终达到对其抑扬贬褒的目的。

　　图 2-2 为五代十国时期南唐画师顾闳中所绘《韩

剪辑的
秘密

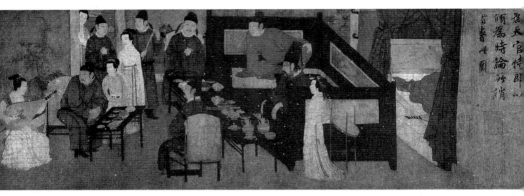

图 2-2 《韩熙载夜宴图》局部

熙载夜宴图》的局部。该图描绘的是：夜宴初开，红烛方燃，几案上酒菜罗列，鲜果杂沓，七男五女或坐或立，在倾听教坊副使李家明的妹妹弹琵琶。主人公韩熙载着玄色衣帽，结跏趺坐于围床，两臂自然下垂，凝神注视着演奏者。旁边状元郎粲身着朱衣，右手撑床，向前倾斜，左手紧抓住膝盖，以保持身体的平衡。其余宾客都着官服，有的垂手，有的抱手，有的侧耳，有的回顾，目光多聚集于琵琶弦上的轻盈玉指，沉浸于优美的乐曲声中。屏后一女，也探进来欣赏，她一手扶着屏风，会心而笑。为了突出主题，画师还把主要人物画得大一些，把宾客画得略小一些，把歌妓仕女画得更小一些,颇有唐画遗风。尤其是韩熙载的家妓,身着窄袖蓝衣长裙的王屋山被画得非常矮小,其站姿与韩熙载的坐姿高度相差无几。画师通过人物位置及形体大小的设计和安排,将一干人等的尊卑贵贱和主次轻重表现得明明白白。

2.3.1　空间透视

《韩熙载夜宴图》虽然颇具唐画遗风的神韵,但以现代艺术的审美情趣来看,遭到诟病也是在所难免。其最大的问题在于,人物比例关系不符合透视的基本规律,也就是其绘画风格与影视片表现形式中具象化的人物和生活化的场景,以及追求叙事空间真实性的艺术风格,发生了严重的悖离。"透视"是绘画中的理论术语,是指在平面或曲面上描绘物体空间关系的一种技术方法,其基本特征是近大远小,近长远短,近实远虚,直至消失。摄像机就如同摄影师手中的画笔,镜头也要遵循绘画透视的特点和规律,在镜头中,人和物也是近大远小,近长远短,近实远虚,直到看不清楚。近大远小,近长远短,也是人物在画面中占比的直观反映。

比如,图 2-3 是影片《金陵十三钗》中的剧照,它通过一个俯拍镜头,一次性把十四个人全部囊括进来,还呈现了她们的衣着、举止和神态表情。俯视镜头可以通过人物的站位和遮挡关系,利用透视规律表现人物的角色层次和主次轻重。在图 2-3 中,前排右侧穿豹纹翻领蓝色大衣的玉墨比后排最左侧穿棕色大衣的女人,高了接近三分之一,其实两个人身高相差无几。在长方形的屏幕中,四角的重力场比中心的重力场弱,

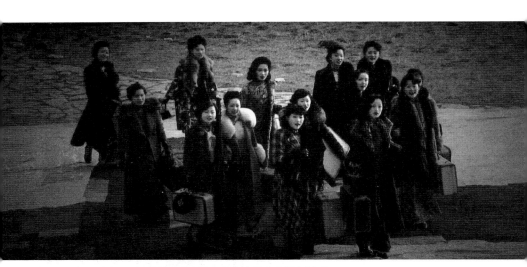

图 2-3　影片《金陵十三钗》中的人物透视关系

其中右侧下方的重力场最强，这个位置应安排给主要人物。前排的玉墨是剧中的女一号，左侧的红菱也是片中的女主角之一。站在第二排的豆蔻、香兰、怡春、小蚊子和胖春花在片中或多或少都有些故事和情节。而后排的几个女人在片中连名字都没有，在演职人员表里，她们都叫"秦淮河女人"，后面再加上一个编号，以便区分。这里，人物的角色层次和主次轻重就不言而喻了，从中不难看出"透视"的价值和意义。

  分析被摄对象在画面空间中的占比，是不可能绕开透视的。透视包括三种类型：一点透视、成角透视和三点透视。

  一点透视也叫平行透视或正面透视，被摄对象有一个平面与摄像机的镜头平行，就是一点透视。这种透视平面是不变形的，正方形就是正方形，长方形就是长方形。一点透视是变形最少的一种透视，更加接近事物的原本面目，所以在建筑设计图或者装修效果图中使用比较多。一些风光摄影师为了强调拍摄角度的独特，也会采用一点透视的构图方式。在影视片拍摄中，其实很少会用到一点透视，因为摄像机不可能被固定在一点拍摄，镜头是需要移动的，观众的视点也会发生变化。而一点透视的拍摄轴线必须在画面的几何中心点上，哪怕偏差一点，都不是一点透视，所以它只能静态地出现在建筑效果图或者照片上，并不适合运动中的影像拍摄。

如果摄像机的拍摄轴线与画面纵深的几何中心点连线不重合，就是成角透视或者三点透视，也就意味着，画面中所呈现的事物与真实空间中其原本状态会有所不同。这种不同表现为，真实空间中大小一样的人或物，在拍摄的画面中呈现为近大远小、近长远短、近实远虚的效果。人的眼珠是球状的，眼球中的玻璃体像透镜一样有折射角度，导致相同的人或物处在不同位置时，其成像也会大小不同。摄像机就是在模拟人眼的视觉效果，所以摄像机拍摄下来的人或物与真实空间中的人或物的比例大小也不一样。

成角透视也叫两点透视，被摄对象有一条边正对着镜头，就是成角透视。在拍摄中会经常用到成角透视。与镜头正对着的那条边左侧所有直线的延长线，比如建筑物的水平轮廓线的延长线，都会交汇到左侧的一个点上，这个点就是消失点，也叫灭点。同样，右侧所有水平轮廓线的延长线也会交汇到右侧的一个消失点上。成角透视之所以叫两点透视，是因为它有两个消失点。

被摄对象有一个顶点正对着镜头，就是三点透视。三点透视有三个消失点。只要摄像机与被摄对象不在一个水平面上，通过向上仰拍或者向下俯拍，就能得到三点透视的构图。正对着镜头的顶点所在的顶面会被夸张地拉伸和放大，其他对象都会被压缩，远处的景物则完全被背景吞没，被摄主体和陪体都表现出一种变形和扭曲的怪诞感。如果是向下俯拍，画面空间的纵深感就会更加强烈，并且充满了主观性的扩张和扭曲，就像图2-3那样。三点透视给正对镜头的人物以优越感，使其侵占其他人物的画面空间，而观众则仿佛处于居高临下、纵览全局的位置，占据着心理上的优势，甚至咄咄逼人。

一点透视正对摄像机镜头的是一个面，成角透视正对摄像机镜头的是一条线，三点透视正对摄像机镜头的是一个点。面、线、点的变化影响着被摄对象在画面中的样貌和形态。是实焦还是虚焦，是拉伸还是压缩，改变的都是被摄对象在场景中的主次轻重，表达的是情绪上的抑扬贬褒。

2.3.2 镜头角度

对于剪辑师来说，除了要关注镜头景别，还要关注镜头角度。镜头角度不但可以影响甚至决定镜头的画面构成，强化场景的空间透视，还能在场景中构建角色的主次关系，描摹人物的特定形象，甚至决定影片的视觉语言风格和艺术表现力。概括来说，镜头角度的影响主要表现在两个方面：一是镜头角度在客观上能改变被摄对象在画面中的占比，进而影响角色关系的主次轻重；二是镜头角度在主观上带有强烈的情感色彩，是对被摄对象抑扬贬褒的体现。

那么，什么是镜头角度呢？镜头角度是指摄像机镜头轴线与水平面之间的夹角。摄像机的机位也叫镜位。镜位是摄像机在真实空间中位置的反映，也是镜头角度的决定因素。镜头角度取决于摄像机相对于被摄主体的位置高度和拍摄方向，分为平视角度、垂直角度和倾斜角度。据此，我们将镜头分为平视镜头、垂直镜头和倾斜镜头。

2.3.2.1 平视镜头

平视镜头是指摄像机和被摄主体处于同一水平面上,也就是摄像机与被摄主体处于相同的高度时拍摄的镜头。平视镜头近似一点透视的构图,画面平稳,被摄主体不易变形,也符合人们正常的观察习惯。人物在平视镜头中会显得真切亲近,且具有一定程度的交流感。平视镜头是主要的拍摄形式。平视镜头中没有透视角度关系的变化,视野中的角色对象摆脱了背景的控制,和观众处在平等的心理位置上。平视镜头增强了视野中角色对象的力量感,使观众在心理上无法轻视或者同情视野中的角色对象,默认其有足够的自主能力。所以,平视镜头适用于表现平等、和谐、客观、公正的人物关系。基于摄像机镜头与被摄对象的位置关系,平视镜头可划分为正面平视镜头、背面平视镜头和侧面平视镜头。

正面平视镜头是指摄像机迎着被摄对象正面进行拍摄的镜头。这样拍摄的画面的特点是,横向线条平行于下边框,主体形象的画面占比比较大。正面平视镜头是最接近一点透视的镜头角度。其优点是能够充分表现人物的面部形象和表情动作,有利于与观众展开情感交流，给人以亲切感，并可以通过画面营造庄重肃穆、和谐稳定的氛围。其缺点是画面的空间透视感较差，缺少立体感，可能会显得呆板和生气不足。

背面平视镜头是指摄像机对着被摄对象的背面进行拍摄的镜头。通过背面平视镜头的画面，观众不仅能够看到主体形象的背面轮廓，也能看到主体形象看见的事物，体察其心理感受和情感经历。背面平视镜头可以突出主体形象后方的陪体与环境，塑造一种崭新的视觉形象。背面平视镜头还具有主观镜头的视角，因为观众的视线方向与被摄主体的视线方向是一致的，虽然镜头中人物的面部表情退居次要地位，但人物的姿态和动作仍能反映出他们的心理活动，并且成为主要的画面形象语言。从背面拍摄人物，可以给观众留出思考、想象和联想的空间，这是其构图的优势所在。如果想向观众暗示什么，那么背面平视镜头也是一种不错的选择。

侧面平视镜头是在摄像机的镜头轴线与被摄主体的朝向基本垂直的情况下拍摄的镜头。在拍摄侧面平视镜头时，摄像机位于被摄主体的正右侧或者正左侧，与被摄主体的朝向大约成90度角，这个角度能够充分展示主体形象的侧面轮廓线和动作形态。侧面平视镜头在表现主体运动方面具有优势，不但能够表现主体的运动方向、运动状态和运行路径，还能反映出主体的立体形态。侧面平视镜头有利于表现人物的侧面姿态和优美的轮廓线条，不但可以表现场景中人物之间的平等交流，还能表现人物之间的冲突和对抗。由于侧面平视镜头缺乏与观众的交流，因此将其与正面镜头结合应用，才能取得良好的效果。

平视镜头是一种非常中性的镜头，镜头本身不会对被摄对象加以评价，被摄对象的力量和善恶等属性会随着其他元素的变化而变化。与主观视角的镜头相比，平视镜头少了主观意识带来的心理上的优越感。与俯仰镜头相比，平视镜头又显得更为客观，不但可以削弱观众这一方的力量感，还能增强视野中被摄对象的力量感。平视镜头常常用于表现平等谈判的双方、正在交谈的情侣、友好的朋友关系，以及团队合作者之间的讨论等场景。

2.3.2.2 垂直镜头

垂直镜头是指摄像机与被摄主体不在同一个水平面

上，摄像机在垂直方向上高于或者低于被摄主体，以不同角度拍摄的镜头。垂直镜头包括仰视镜头和俯视镜头，以及比较极端的镜头——高空俯瞰和极目上望。

仰视镜头是指摄像机低于被摄主体，从下向上拍摄的镜头。仰视镜头是以低于观众心理视角的位置往上拍摄，观众从低处往上看，视野中的角色对象的力量感大大增强。仰视镜头多用于拍摄主要角色。由于透视关系，仰视镜头能表现更加强烈的空间感，使主角显得更加高大威猛，而环境和背景则变得无关紧要，甚至变成增强主角力量感的元素。因此，仰视镜头常用于表现宗教建筑中的神像、人民领袖、拥有特殊能力的超人或者巨大的怪物，等等。

仰视镜头既能表现正面的角色，对其进行歌颂和赞美，也能表现反面的角色，突出主角的危险性和威胁感。仰视镜头之所以能够制造正义与邪恶、庄重与压抑的强烈反差，是因为仰视角度的差异。如果仰视角度小，视野中原本矮小的角色就变得高大，画面稳定而祥和，被摄对象也随之变得庄重或者令人尊敬。当仰视角度变大时，画面会因倾斜而失去稳定性，被摄对象就具有了一定的侵略性，有种扑面而来的气势，咄咄逼人。特别是当仰视镜头以死亡凝视般的眼神看着观众时,就会削弱观众的安全感,使其产生被束缚和被控制的压迫感。仰视镜头本来就不稳定,而极端的角度无形中又增强了被摄对象的速度感,使画面充满了紧张和压迫感,从而带给观众惧怕和望而生畏的心理感受。

俯视镜头是指摄像机高于被摄主体,自上而下拍摄的镜头。由于透视角度的变化,俯视镜头可以拍摄更多的场面和景物,获得更广阔、更宏伟的画面。俯视镜头的画面虽然带有强烈的空间纵深感,但却充满主观性的扩张和扭曲。这也符合三点透视的基本特征。在俯视镜头中,视觉范围内的被摄主体显得卑弱和微小,从而削弱了视觉对象的威胁性,相对增强了主观视角一方的侵略性,进而使观众获得更加强烈的心理优势。

在俯视镜头中,被摄对象被推到与背景同等的心理位置,似乎要被背景吞噬,人物角色的重要性降低,个体特征被显著弱化。由于镜头的变形和心理的作用,俯视镜头的角度越大,被摄对象的行动就越缓慢和无力,动作呆滞,充满不自信和幼稚感,这是角色的力量被背景弱化和吸收的结果。俯视镜头可以表现多个角色的位置关系，推进剧情，常用于站立的大人看着地面上正在玩耍的孩子或宠物，强大的战士看着弱小的对手，上司看着下属，等等。这里说的俯视镜头，指的是人们平日生活中就能够看到的画面场景，不包含诸如鸟瞰镜头等极端角度的俯视镜头。俯视镜头和鸟瞰镜头都不太客观，但俯视镜头不像鸟瞰镜头那样高高在上，也没有鸟瞰镜头那种统治感和主宰感。

高空俯瞰镜头也叫鸟瞰镜头（bird's eye view），是俯视镜头角度的极端状态，此时摄像机处于被摄主体的正上方，完全垂直于水平面。高空俯瞰镜头一般用于拍摄宏大的场景，可以表现场面的广阔无垠。在拍摄时，高空俯瞰镜头一般以高空作为视点，在高度上与被摄主体保持一定的距离，所以常常借助直升机、无人机或者其他航空器进行拍摄。如果角度控制得好，长摇臂也能拍出"鸟瞰"的效果。

高空俯瞰镜头也是主观镜头，与俯视镜头一样不客观，但高空俯瞰镜头的视野比较开阔、壮观，能在一定程度上削弱主观性。从垂直角度拍摄地面上的人物，只能拍到其头顶、肩膀和衣服的颜色，人在画面中的占比缩小到极致，个体的特征和区别几乎完全消失。在高空俯瞰镜头中，人物的具体形象被抽象成"人"而存在，个体特征被淡化，群体特征被凸显，因此更能强调和突出群体的成员数量和空间分布。高空俯瞰镜头的语言风格不再是写实的叙事，而演变成了抽象的写意，具有渲染气氛、抒发情绪和评论感叹的意味。

极目上望镜头的视线方向与高空俯瞰镜头刚好相反，此时摄像机完全垂直于水平面，被摄主体位于摄像机的正上方。极目上望镜头中既没有视角的出发者，也没有视角的出发者所处的环境和背景，从而失去了作为客观镜头的存在基础。但是，在极目上望镜头之前，通常要有一个来自第三方视角的半主观镜头作为交代镜头。否则，极目上望镜头就会来源不清，会给观众理解空间关系造成困难和混乱。

极目上望镜头虽然属于极端的仰视镜头，提供的是主观视角，但是由于画面失去了自身所处的环境和背景，因此被摄对象的压迫性和威胁性被严重弱化，观众也不容易产生被控制和被约束的感觉。极目上望镜头的被摄对象选择范围很小，基本上就是天空、飘浮的云朵、星空，以及飞鸟、风筝、飞机等天空中的飞行物。

极目上望镜头是从剧中人物视角出发的主观镜头，本身就具有抒发情感的作用，被摄主体与剧中人物的心理距离是决定画面氛围和情绪的关键因素。如果极目上望镜头中是距离远的星空或者蓝天白云，画面就具有安定、宁静、平和的氛围，有时还带着与另外一个世界进行心灵沟通的神秘感。如果极目上望镜头中的东西距离很近，比如俯冲的飞机、低飞的猛禽或者乌云盖顶等，观众就会产生焦虑和不安全感。因为，观众看到低空中的某些危险因素，可能会想到危及自身，仰视镜头的紧张感和压迫感就会随之而来。极目上望看到景物的高度决定了画面所要传达的情绪和气氛，越高，越能带给观众安全感和神秘感，越能抒发情怀。

总之，要想影响观众的心理感受，可以通过在垂直方向上改变镜头的拍摄角度，进而改变被摄对象的画面占比来实现。仰视是夸大被摄对象的画面占比，使观众产生心理上的压抑感。俯视是压缩被摄对象的画面占比，使观众获得心理上的优越感。

2.3.2.3 倾斜镜头

倾斜镜头是指摄像机既不平行也不垂直于水平面，

而与水平面成一定倾斜角度拍摄的镜头。倾斜镜头是一种特殊角度的镜头表现方式，可以表现为前侧面镜头、后侧面镜头和斜侧面镜头等。倾斜镜头中的画面构图与常规镜头不同，既不是水平构图，也不是垂直构图，它的画面构成元素都是歪歪斜斜的。倾斜的物体总是充满不稳定性和不确定性，所以倾斜镜头是充满心理动感的镜头，这种镜头的心理运动方向是向下滑的。也就是说，倾斜镜头往往预示着更坏的局面即将出现，或者更严重的危机即将到来。

倾斜镜头有相当强的主观意向，表现为无所适从、迷乱和茫然。这种镜头会给观众带来紧张感和焦虑感。观众希望能够采取某种心理措施，把情况稳定下来。但是，观众又明白，似乎采取任何心理措施都是徒劳的，因为自己无法了解所面临局势的复杂程度，进而出现暂时的绝望。倾斜镜头可以让观众在绝望的同时，又有一种侥幸的心理，希冀不利局面能够发生转机，至少可以得到暂时的喘息，尽管隐藏着的莫名威胁，此刻仍然存在。倾斜镜头常用于表现被殴打的角色，饱饮而归的醉汉，遭受暴力的女性，事业受到重大打击的职员，等等。

2.3.3 对话镜头的角度

影视片拍摄往往遵循这样一条规律：叙事内容和叙事结构决定人物的动作和形体关系，比如应该让人物是站着还是坐着，而人物的形体关系、人物的动作和人物的位置决定拍摄的角度。前面分析的被摄对象多为单一主体，比较容易确定拍摄的角度。如果是对话场景，情况就复杂多了。

在对话场景中，被摄主体不止一个，他们的位置关系也不一定在一个水平面上，拍摄的角度和方向就难以统一了。不管多么复杂的对话场景，有多少人出镜，其实都可以当成双人对话场景来处理。对于多人对话场景，可以通过横向构图进行画面切割，或者利用镜头的景深和焦点的虚实做前后景的区分，这两种方法都能将画面处理成双人对话的场景。

针对双人对话场景中的镜头角度，常规处理方法是：

（1）如果一人站着，另一人坐着，那么必然是仰拍站着的人，俯拍坐着的人。

（2）如果两人形体大概一致，比如都坐着或者都站着，那么两人的拍摄角度要一致：要么都平拍，要么都仰拍，要么都俯拍，这样才能体现出对话人的平等关系。

（3）如果仰拍其中一人，平拍或者俯拍另一人，那么被仰拍者就成为谈话的重点；如果平拍其中一人，俯拍另一人，那么被平拍者就成为谈话的重点。

总的来说，拍摄每个场景前，要根据空间关系、光线要求、叙事内容来确定拍摄的主角度。主角度是指拍摄场景中视觉效果最佳、空间关系最明确、光线效果最鲜明、人物场面调度最清楚的全景拍摄角度，又称总方向或总角度。确定了主角度，才能准确地表现场景空间关系，各镜头之间的视觉效果才能相互统一。在实际拍摄中，首先要拍摄主角度机位的画面，再以此为总方向，拍摄其他分切镜头的画面。

2.4 心理空间

心理空间是指用以反映人物内心活动或观众情感而形成的形象空间。心理空间可以与现实时空保持一致，通过镜头视点的切换来改变心理空间；也可以与现实时空不一致，无须改变镜头视点，就能实现在现实空间和心理空间之间跃迁。前者改变的是观看的心理角度，即在客观镜头与主观镜头之间切换。后者改变的是对应的时空关系，即在现实空间与心理空间之间跃迁。这类心理空间是通过场景空间的结构内容和关系，结合极具特色的环境氛围，经由大景别的空间对比、重复、变化和细小道具等，表现出某种象征意义或特定的造型风格，并揭示人物内心活动的空间形象，包括各种梦境、幻觉、回忆等。

2.4.1 心理角度

改变摄像机的拍摄角度可以改变被摄对象在画面中的占比，进而影响人物的主次轻重，表达对其的抑扬贬褒。与此同时，观众也可以通过自身对空间的感知，再现被摄对象的空间方位和运动轨迹，包括上下左右，水平、垂直和倾斜。这些都是观众的感知在心理空间的投射。镜头的心理角度反映的是观众的感知在心理空间的投射，我们称之为镜头视点。

镜头视点很像文学中的叙事人称。叙事人称是指谁在叙述，也就是谁在观看。镜头视点就好比写作时的人称，可以用第一人称来写作，也可以用第三人称来写作，观察点和立足点不同，给读者的心理感受也不同。摄像机模拟不同观察者观看时的心理角度，并不是指摄像机的拍摄轴线与水平面之间的空间角度，而是指摄像机以什么样的心理角度来表现被摄对象及其运动轨迹。

在文学作品中，如果以第一人称来叙述，能给人带来身临其境之感，拉近作者与读者之间的距离，便于进行心理描写和抒发情感。如果以第三人称来叙述，就会有比较广阔的活动范围，时间和空间均不受限制，能够更加自由灵活地反映客观内容。在影视片中，以第三人称为观察点和立足点的镜头叫作"客观镜头"，以第一人称为观察点和立足点的镜头叫作"主观镜头"。在影视片中，没有文学作品中的第二人称，观众始终都是屏幕前的旁观者，而不是事件的参与者，更无法成为事件的亲历者。主客观镜头强调的不是机位的空间角度，而是镜头给观众留下的心理印象。我们依据画面给观众留下心理印象的差别，将镜头视点分为客观镜头、主观镜头和半主观镜头三种。

2.4.1.1 客观镜头

客观镜头是从导演（也是观众）的视角出发，客观地描述人物活动和情节发展的叙述镜头。客观镜头强调旁观者的纪实性，也称中立镜头，在国外还有"上帝之眼""全知视觉"等叫法。客观镜头模拟摄影师或观众的视角，而非剧中人物的视角，因此没有明显的主观色彩，只是从普通人的角度观看事物，将实际情况尽量客观地展现出来。

客观镜头是从一个冷静的旁观者的角度来进行叙述，观众没有参与，因而显得比较客观公正。客观镜头常用于交代场景开始的环境，冷静地观察事物和不偏不倚地介绍人物关系。观众就像一个隐身人，处在理想的位置上，旁观剧情的发展。因为客观镜头展示的场景比较灵活，无论位置和角度，还是视野范围，都不受限制，几乎无所不能，所以影片中的大部分镜头都是客观镜头。

2.4.1.2 主观镜头

主观镜头是从剧中人物的视角出发的叙述镜头。主观镜头模拟剧中人物的眼睛，拍摄剧中人物看到的东西，观众如同身临其境，变成了银幕中的人物。主观镜头不但能给观众带来更逼真的介入感，而且还带有某种情绪因素。当人物扫视一个场景，或者在一个场景中走动时，摄像机代表人物的双眼，展示人物看到的景象。

主观镜头与客观镜头的根本区别在于：主观镜头模拟剧中人物看到的东西，使观众身临其境地变成了银幕上的人物，"目击"其他人、事、物；而客观镜头模拟摄影师或观众的眼睛，其主观参与意识较弱。主观镜头和客观镜头的顺序是有讲究的。客观镜头在前，主观镜头在后，客观镜头为主观镜头提示视角的来源和视野范围的依据。因为主观镜头模拟剧中人物的眼睛，但拍不到人物自身，如果前面没有客观镜头的交代，观众就弄不清楚主观镜头的出发点是谁，视野范围依据的又是谁，就会困惑不解，更不可能有身临其境的感觉。

主观镜头的优点是可以增强对人物和事件叙述的真实性，让观众觉得看到的一切就是自己亲历的。但是主观镜头也有局限性，它模拟的是剧中人物的视点，其可视范围也要受到剧中人物所处位置和环境的限制。

人眼的视野范围接近180度,因此主观镜头对人物自身两侧的景物,只有一半的表现能力,而对背后的景物,则完全无法表现。此外,主观镜头的可视高度和距离要与自身特点相适应,比如兔子和大象的可视范围是不一样的,儿童和成人的可视范围也是不同的。客观镜头可以表现剧中人物目力所及范围之内的景物,也可以表现其目力所及范围之外的景物,而主观镜头则只能表现剧中人物目力所及范围之内的景物。正因如此,影片中绝大多数镜头都是客观镜头,主观镜头只是客观镜头的补充,或者说是一种镜头艺术的修辞手法。

2.4.1.3 半主观镜头

影视片与文学作品不同,它没有第二人称,因为作为倾诉对象的观众处在画面之外,不可能成为画面中的人物。但在影视片的对白场景中,常常会出现一个既不属于主观镜头,也不属于客观镜头的场景,叫"半主观镜头"。比如两个人正在对话,第三个人站在旁边好奇地聆听或观看,那么从第三个人视角出发的镜头就是一个半主观镜头。半主观镜头也叫"第三者视角"或"旁观者视角"。

第三者视角的半主观镜头通常叫作反应镜头，其作用是激发观众的情绪和心理活动。半主观镜头在引导观众反应方面至关重要，也是好莱坞剪辑的法宝"三镜头法"的组成部分之一。按照现代影视剪辑处理的手法，半主观镜头中的"第三者"未必就是一个人，也可以是物。比如，一对情侣坐在长椅上，旁边有一棵大树，那么给大树的镜头就是半主观镜头，其镜头语言是，这棵大树见证了这一切。"拟人树"视点和客观镜头的区别在于剪接目的，即镜头是否有"树见证了这一切"的心理暗示：如果有，则是半主观镜头；如果没有，就是客观镜头。

半主观镜头是介于主观镜头和客观镜头之间的一种表达方式，它叫半主观镜头而不是半客观镜头，意味着其表达方式更偏重主观。半主观镜头不一定用来表现人，也可以用来表现物。当用它来表现物的时候，它就具有拟人化的特质。镜头下的事物是一种"真实"的存在，即便是拟人的，其物化的形象和形态也不会改变，只是多了一层精神上的象征和情感上的特质。

比如影片《阿甘正传》（1994）开场和结束时的白色羽毛，不仅具有拟人化的特质，还有精神上的象征意义。图 2-4 中前一张剧照出现在影片开始处。一片羽毛在空中飘来飘去,与很多人擦肩而过,最后落在阿甘(Gump)的脚边。阿甘把羽毛捡起来,捏在手里观察了许久。一片羽毛上下翻飞,摄像机追着羽毛拍摄,这就是半主观镜头。它具有主观镜头的视野和动线,但看的主体始终没有出现,观众一直不清楚是谁在看,视点从哪里出发,主观镜头的来源和出发点始

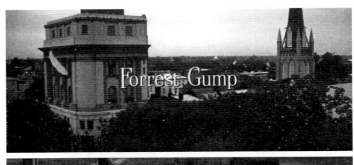

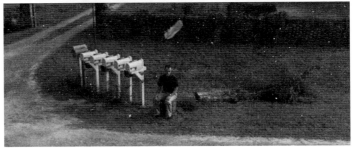

图 2-4　影片《阿甘正传》中羽毛的半主观镜头

终没有明确。导演用羽毛象征阿甘居无定所、漂泊不定的人生轨迹。羽毛落地后，阿甘把它捡起来，夹到一本书里。这是旁观者视点的客观镜头，暗示阿甘即将见到心爱的珍妮（Jenny），并与珍妮结婚，阿甘漂泊的人生也找到了归宿。

图 2-4 中第二张剧照出现在影片结尾处。阿甘带着儿子边等校车边读书，羽毛从书里掉了出来，落在他脚边的草丛里，这是一个客观镜头。之后，阿甘坐在树墩子上，目送儿子坐校车上学去了，一阵风把羽毛吹到空中，客观镜头转换成半主观镜头。羽毛在空中飘飘荡荡，在阳光的映照下，洁白美丽，象征着阿甘一直在追求内心的自由，从未被世俗玷污。羽毛飘过阿甘儿时与珍妮玩耍的大树，又飘到半空，飘到云里，看不见了，这象征阿甘仍然爱着珍妮。一片羽毛，从片头到片尾，前后呼应。

2.4.2 心理角度的转换

主观镜头是从剧中人物的心理角度出发的叙述镜头，可以带给观众逼真的现场感和身临其境的体验。

可是作为主观镜头出发点的剧中人物，并不会出现在画面里，这就要求主观镜头前面必须有交代场景的客观镜头。所以，剪辑中主客观镜头的转换无论如何都是绕不开的。下面就介绍一些主客观镜头转换的经验和技巧，概括地说分三种情况：第一种是客观镜头转主观镜头，第二种是主观镜头转客观镜头，第三种是主客观镜头相互转换。

2.4.2.1 客观镜头转主观镜头

前面说过，客观镜头在前，主观镜头在后，客观镜头要为主观镜头提供视角的来源和视野范围的依据。因此主观镜头之前，一定要有个客观镜头作为交代镜头。而且交代镜头要带上"看"的动作，目的就是让观众弄清楚，是谁在"看"。这个客观镜头通常会使用中小景别，以此来强调"看"的细节。"看"的位置、角度和方向是主观视角的来源，也是限定主观镜头的依据。观众进入人物角色和融入剧情时，所处的空间位置、视野范围和运动朝向，也正是来源于此。

交代清楚上述空间关系和逻辑关系之后，摄像机就可以顺着人的目光移动，越过人物的身体，到达人物的视线前方，并以此作为观察点和立足点，继续拍摄主观镜头。这种镜头组接方式通常叫作主观视线转场。镜头开始时是客观的，结束时转换为主观的，这样既能清楚地表达所要拍摄的内容，同时又能完成镜头的转换，其转场过渡绝不拖泥带水，表现手法简洁而高效。比如，摄像机先从背后拍摄一个人往窗外看，然后摄像机越过他的头，到了他的视线前方，拍摄他看到的窗外的场景。这里只用一个连续镜头，就从客观镜头转变成了主观镜头。

将主观视线转场推而广之：只要前一镜头中的人物有注视动作，后面便可以接任意一个与其视线相符的画面，从而达到场景转换的目的。"主观视线转场"是以主观视线为逻辑依据的镜头组接，后面的镜头只能是而且必须是与被摄主体视线相符的画面。而"主观镜头转场"的前一镜头也有被摄主体"看"的动作，后面接的却可以是被摄主体想到的人或事，以及陷入回忆或者幻想的镜头。两者虽然都用了主观镜头，但并非同一概念。后者因其失去了"看到"这个前提，就可以摆脱物质空间的束缚，在不同的心理空间之间自由穿梭，这就是心理蒙太奇剪辑。

2.4.2.2 主观镜头转客观镜头

用一个镜头实现从主观镜头到客观镜头的转换，需要满足两个前提：一是景别要从小景别转变成大景别，以便人物能够从画框外进入画面，同时以较大景别交代环境，向观众再次明确传达，当下的客观镜头与主观镜头属于同一空间场景；二是客观镜头的起始方向要与主观视线的运动方向一致，做到主客观镜头的统一。

主观镜头受主观视线范围的限制，其场景空间的表现力受到削弱。客观镜头则比较灵活，受到的限制比较少。所以主观镜头转换成客观镜头，只要做到主客观镜头空间关系上的统一就行。比如，一条蛇在草丛中游走。首先以主观镜头开场，摄像机贴着草丛，向前弯曲移动，模仿蛇的视线。随后机位慢慢升起，转为俯拍，一条蛇从画框的下沿入画，摄像机继续以蛇的速度向前移动。随着机位不断升高，摄像机摆动的幅度越来越小，从而转为客观拍摄。在景别上，蛇的近景转为中景，最后转为全景。这样，从主观镜头向客观镜头转换就在运动中完成了。用一个长镜头完成从主观镜头到客观镜头的转换，不但可以清楚地交代周遭环境，还能牢牢地抓住观众，使其不得有一丝松懈,这样的影视片就栩栩如生了。

2.4.2.3　主客观镜头相互转换

主客观镜头相互转换是极富表现力的,也是导演的主观思想在影视片创作中的具体表现。用长镜头实现主客观镜头的转换,就是用一个镜头从客观镜头拍到主观镜头,再从主观镜头拍到客观镜头。其顺序一定是,镜头的起幅是客观镜头,中间是主观镜头,落幅还是客观镜头。主观镜头和客观镜头的显著区别是,剧中的人物是否出现在画面中。所以要实现这种主客观镜头的转换,表现的人物要先出画,即从客观镜头转换为主观镜头,然后再入画,即从主观镜头转换为客观镜头。

人物出入画的方向,要与镜头的动线相适应。镜头从左往右摇,人物就从左边出画,镜头摇到右边,人物再从右边入画。反之亦然。比如影片《荒岛余生》(2000)中,查克被海浪冲到了一个荒岛上,醒来后站在沙滩上环顾四周。这里先从查克的客观镜头开始,然后依次是查克从左边出画,查克的主观镜头,查克从右边入画,最后回到客观镜头。影片用长镜头交代了主人公对孤岛最初的整体印象。

镜头也可以从下往上摇,从地面升到空中,人物就从画面的下框出画,然后镜头从空中摇回地面,人物再从画面的下框入画。比如电影《末代皇帝》(1987)中有一个镜头,表现的是溥仪和老师庄士敦在皇宫用膳时,溥仪走到院子里,听宫墙外面参加游行的学生喊口号,以及军阀屠杀游行学生的枪炮声。这个长镜头是从平拍到仰拍,溥仪从画面下框出画,溥仪的客观镜头变成了他的主观镜头,然后镜头从右向左横着摇过配殿的屋脊,再从仰拍到俯拍,庄士敦走向院子,溥仪从画框的右下方入画,主观镜头变为客观镜头,最后回到平拍。这样镜头做了一个圆周运动,从客观镜头变成主观镜头,最后又回到客观镜头,暗喻久居深宫的溥仪无法摆脱现实中的束缚,永远也无法越过眼前的这堵高墙,只能空洞地说了句,"学生们气愤是有道理的"。

这三种主客观镜头转换的拍摄手法,是对基本镜头语言的综合运用。任何复杂的镜头都是由简单的主观镜头和客观镜头及其灵活组合派生出来的。无论多么复杂的镜头,只要将它们前后断开,逐一分析,都会正本清源，弄清镜头组接的奇妙之处，从而领悟导演的创作意图。

2.4.3 心理蒙太奇

主客观镜头的转换可以实现不同心理空间的迁移和跳跃。但是，无论是主观镜头，还是客观镜头，都是以当前空间环境为现实场景的，主观镜头和客观镜头在时间上也是同步的。主客观镜头的区别也不过是视点的变化，时间和空间关系还是一致的，这只不过是心理空间变换的一种表现形式。心理空间变化的另一种表现形式是时间和空间关系不一致，一些场景是故事发生的现实的物质空间，另一些场景是人物活动的虚拟的心理空间，比如人物的梦境、幻觉、回忆等精神活动的表现场景。这些表现场景是描摹人物心理活动的重要手段，称为心理蒙太奇。

2.4.3.1 梦境

影片《泰坦尼克号》的结尾是心理蒙太奇的绝佳案例。露丝把蓝宝石"海洋之心"扔到了海里，然后镜头转向她安逸地睡在温暖的床上。镜头掠过露丝周游世界时拍摄的那些照片，以云霄飞车为背景，在码头上和捕获的大鱼的合影，露丝爬上飞机的照片，露丝在海滩上骑马……这一切都回应了杰克临终前对她说的话。露丝为了实现对杰克的诺言，努力认真地生活着，这点从露丝的照片中就可以看到。这些镜头还都是露丝在现实空间中的场景。

然后，年轻的露丝走进了泰坦尼克号的大厅，船上的人们都聚在一起，露丝慢慢地走向在楼梯上等她的杰克，两个人拥抱、接吻。这些镜头就是露丝心理空间中的场景了。可能有人认为，这是露丝在做梦，讲完故事后内心激动，十分想念杰克。其实影片要表现的是，露丝去世了，她的灵魂来到了天堂，在泰坦尼克号上，与众人再度相遇。他们是信奉基督教的，自然去了天堂，最后的镜头中屋顶强烈的白光印证了这一点。刚开始，在乘直升机登上这艘船的时候，露丝带来了自己的鱼缸、照片以及很多她珍视的东西，从中可以看出，露丝就没打算离开这里。她已经兑现了自己的诺言，她要死在她最爱的杰克和那些善良的遇难者死去的这片海上，她要死在"泰坦尼克号"——露丝和杰克相遇并装载了他们爱的梦之船沉没的地方。

导演安排露丝进入杰克和其他遇难者早几十年就去了的那个空间，两个人又在一起了，杰克还是像纸条上说的那样，"在楼梯上等你"。如果观众仔细去看就会发现，当露丝回到船上的时候，在镜头中，开门的侍者、四位提琴手、大副失误枪杀的吉米、露丝的女佣、那对年老的夫妻、电影刚刚开始时出现的小女孩、大副、船长、设计师，以及楼梯上等露丝的杰克，全部都是在"泰坦尼克号"上遇难的人。这个梦境里没有出现一个当初获救的人，也没有出现露丝的妈妈，甚至没有出现那个当初好心借杰克礼服的胖妇人。如果这只是露丝美好记忆的话，那位好心的胖妇人应该在的，但是并没有。与其说这是露丝的梦境，还不如说露丝去了几十年前遇难者去到的那个空间。那些人一直都没有离开，他们在等待露丝，等待她兑现承诺后，接她离开，露丝就在这个亦真亦假的梦境中离开了人世，找他们去了。导演卡梅隆想要表达的就是，杰克和露丝永远在一起，他用这种方式表明：真爱跨越生死。

这段看似梦境的情节，尽管长达两分半，但没有一句对白或解说词。心理蒙太奇剪辑就是要让观众从叙述故事中脱离出来，把注意力转向人物的心理活动，将原本无法用画面直接表现的人物主观意识，通过假定性的场景进行展现，以此来突显人物的心理活动和精神状态。

2.4.3.2 闪念

除了梦境，闪念也是心理蒙太奇的一种表现形式。闪念是影视片中表现人物心理活动的一种手法，即突然在某一现实空间的场景中插入很短暂的其他空间的画面，用以表现人物此时此刻的心理活动和感情起伏。闪念手法极其简洁明快。插入的内容如果是过去出现的场景或已经发生的事情，称为"闪回"；如果是人物对未来或即将发生的事情的想象或预感，则称为"前闪"。"闪回"和"前闪"统称为"闪念"。

闪念是在当前的叙事进程中，切入发生在其他时间和空间的叙事进程，之后再切回当前的叙事进程，这在剪辑上是有一定难度的。剪辑师既要让观众一看就能明白，虽然插入片段中的人物与上一个片段中的人物有联系，但表现的空间场景不是当下的空间场景，又要让观众能够随着空间场景的变化，在不同时空自如地穿梭，正确地理解时空的变化，避免时空错乱和陷入理解上的困惑。与此同时，剪辑师还要保证镜头在不同时空切换时，画面仍然能够保持流畅，过渡自如。

影片《画皮Ⅱ》（2012）用了很多闪回的剪辑手法。其中的一段是靖公主和霍心骑马来到湖边，在湖边散步，靖公主给霍心讲刀柄上镶嵌的宝石的来历。这里给了一个近景镜头，两人并肩向左而立，共同注视画外，这就为切入回忆场景做好了肢体语言的铺垫。观众看不到靖公主和霍心在看什么，但两人并肩而望是在提示，接下来是一段与两个人都有关的故事。然后切入回忆的闪回片段，以特写镜头开始，以远景镜头结束。前面讲过，特写和远景常常作为叙事开始或者结束的标志，极小景别或者极大景别与叙事的中景有着较大的级差，这样的"极端"景别很容易把观众从当前叙事中拉出去，也能轻松地和当前叙事区分开来。闪回片段结束之后，接一个背向镜头，霍心仍旧注视画外，保持着他陷入回忆前的姿势，只是摄像机的拍摄方向变了。接着是靖公主的正面镜头和霍心的半张脸，与之前进入闪回的镜头呼应。为了避免镜头重复，摄像机的拍摄方向有所改变，这样就可以再续之前中断的叙事了。霍心转身侧向迎着观众，叙事进程跳出了闪回剧情，又回到了现实的叙事场景。

  这个闪回片段不仅颜色不够鲜艳，还有隔着一层薄雾般的朦胧感。其实这只不过是降低了画面饱和度，同时增加了画面曝光值而已。这样处理是为了避免观众把闪回片段理解成当前故事的发展和继续。在后期剪辑时，对闪念片段一般都会做一些特殊处理，使其与当前的现实场景有明显的区别。在画面质感上，闪念片段与现实场景的区别也是非常明显的。类似的技术手法还有很多，比如：把画面去饱和度，使其影调变成黑白的；降低画面色度，使之呈现棕褐色老照片的效果；提升画面亮度，让画面曝光过度或者闪白；等等。总之，剪辑师就是要让观众一眼就能看出闪回片段与现实场景的不同。其实，闪回也是无技巧转场的一种，不一定非得加上这些影视特效，如果观众能理解现实空间与心理空间的转换，不加影视特效也是可以的。

  心理蒙太奇是通过画面的组接或声画的有机结合，形象生动地展示人物的内心世界，常用于表现人物的梦境、回忆、闪念、幻觉、遐想、思索等精神活动。心理蒙太奇在剪接技巧上多用交叉穿插的剪辑手法，其特点是声画形象的片段性、叙述的不连贯性和节奏的跳跃性，尤其是人物的声画形象，带有强烈的主观色彩。这种构成方法是影视艺术中心理描写的重要手段，在现代影视片创造性剪辑中颇为普遍。

2.5 几种空间表现的区别

物质空间可以借助画面的景别表现出来，大景别画面的视觉空间大，小景别画面的视觉空间小。景别只能表现具象的空间，不能表现抽象的空间。

社会空间的核心是人物关系，只能通过画面构图来表现。画面中人物的不同站位，可以体现人物的主次轻重；镜头拍摄的不同角度，可以实现人物的抑扬贬褒。

心理空间不同于物质空间或社会空间，后者的视觉意义通过当前画面就能直观地反映出来，而心理空间的视觉意义必须通过不同画面的对比才能反映出来，常见的是通过前后画面亮度或者色度的对比加以区别。比如，用低饱和度或者去饱和的画面，与饱和度正常的画面进行对比，来表现过去的心理空间和现在的心理空间；用曝光过度或者曝光不足的画面，与曝光正常的画面进行对比，来表现虚幻的心理空间和现实的心理空间；用虚焦的雾化的画面与实焦的清晰的画面进行对比，来表现失实的心理空间和写实的心理空间。

  我们对影片空间的感知，是通过将各式各样的视听信息进行组合完成的。这也就是说，空间并不是单纯物质的，我们对空间的认知是一种主观的意识。影视片通过对各种信息的组合和拼贴，让观众形成空间的观念。

如何选择景别

第3篇 / 顺序

剪辑避坑指南
——一个剪辑流程示范

3.1 顺序及其意义

3.1.1 什么是剪辑？

为什么大家把文本和图片的加工修改过程称为"编辑"，而把影视片的加工修改过程称为"剪辑"？——即便有时对于后者也会用"编辑"一词，却总要在前面加上"非线性"来修饰限制。可见，在人们的观念中，"编辑"和"剪辑"并不是一回事。

古人把"以绳次物"叫作"编"，通俗地说，就是将细条或带形的东西交叉组织起来，顺次排列，编结在一起。过去的竹简和木牍都是成条成片的，工匠把它们排列顺序，然后用绳子串起来，使之能够和睦平顺。竹简和木牍，以及后来出现的各种活字，本来就是零散的，其形制又是规则的，编辑的工作就是将其排列有序。

"剪"的前提是原本就排列有序，然后打乱原来的顺序，才可能使之零散，成为不规则的碎片或片段。

"辑"是建立新的次序,使之重新顺畅和谐。"剪"是打乱顺序,从有序到无序的过程;"辑"是重建顺序,从无序到有序的过程。"剪辑"就是"剪"而"辑"之,通过"剪"和"辑"的过程,达到让媒体内容顺理而有序的目的。

将排列有序的媒体内容组合打乱,使之失去前后顺序和彼此关联的过程,叫作"剪"。"剪"是从有序到无序的过程。尽管这个有序可能只是拍摄时镜头排列的先后顺序,或者是媒体内容的原始顺序,但从存储介质和内容来源的角度来看,我们还是认为它是有顺序的。所以这个"剪"的过程往往是与"采集"或"输入"分不开的。为杂乱无章的媒体内容建立顺序,使之形成关联,并重新组合的过程,叫作"辑"。"辑"是从无序到有序的过程。对于影视片而言,"辑"就是创建媒体内容之间的时间关系、空间关系和逻辑关系。

那么,什么是视频剪辑?视频剪辑就是将声音和影像"剪"而"辑"之。与"剪辑"相对应的词,英文是"editing"(编辑),德语是"schnitt"(裁剪),法语是"montage"(音译蒙太奇,即组合),俄语是"монтировать"(装配、剪贴),都不像中文这样,同时包括了"剪"和"辑"这两个过程，所以说"剪辑"这个词十分贴切，言简意赅。视频剪辑就是将影视片需要使用的拍摄素材，经过选择与取舍、分解与组接，最终制作成一部连贯流畅、含义明确、主题鲜明，并有艺术感染力作品的过程。

视频剪辑为何又称为"非线编辑"或"非线性编辑"？这要从什么是线性和非线性说起。线性（linear）是指按时间排列的先后顺序，不过这个顺序是指源素材的记录顺序。传统线性视频剪辑是按照源素材信息的记录顺序，通过磁带重放视频来进行编辑的。传统录像带素材的编辑和存放都是有顺序的，编辑时，必须反复搜索，并在另一盘录像带上依次安排它们的顺序，因此称为线性编辑。而非线性（non linear）就不受时间顺序的限制了：源素材以数字化的形式被采集到存储介质上，无须重新排序，看起来杂乱无章。这不就是将排列有序的内容组合打乱，使之失去前后顺序和彼此关联，从有序到无序的过程吗？我们前面提到了这个过程，称之为"剪"。然后是编辑，编辑的过程是采集和串联，从无序到有序，就是"辑"的过程。将"剪"和"辑"两个过程合起来，就是非线编辑了，简称"非编"。

非线编辑可以先编后面的内容，后编前边的内容，只要最终把媒体内容的前后位置排列正确就可以了。线性编辑则必须先录制排在前面的内容，后录制排在后面的内容，必须按照先后顺序依次录制，不能将排在后面的内容插到前面——除非打算覆盖前面的内容。说非线编辑就是视频剪辑，现在也没有问题，因为当下普遍采用的视频剪辑技术就是非线编辑。影视剪辑领域的各种称呼，只不过是人们不同的知识背景、经历和习惯导致的称呼差异而已，表达的意思其实差不多。"所有的非线编辑最终都是线性编辑"，就像在说"所有的三点编辑最终都是四点编辑"一样，都是非常经典的"废话"。然而，废话也有它的价值，其价值在于指明视频剪辑的工作目标，就是建立媒体片段的线性关系，排列出片段出现的顺序和时长，构建前后片段的空间关系和逻辑关系。

3.1.2 什么是顺序？

什么是顺序呢？趋向同一个方向叫"顺"，它与"逆"相对；排列次第叫"序"。顺序就是顺理而有序，表现为和谐而不紊乱。在非线编辑软件中，顺序被称为"序列"（sequence），"序"是排列次第，"列"是形成一行。顺理而有序，那么"理"是什么？"理"就是将一些内容排在前面，而将另一些内容排在后面的依据。

  镜头的排列顺序非常重要，将直接影响画面意义的表达。苏联电影导演库里肖夫（Кулешов/Kuleshov）曾做过一个实验：将一张桌子上摆着一盘汤的镜头，一个棺材里躺着一具女孩尸体的镜头，以及一把贵妃椅里躺着一个年轻女人的镜头，分别与一个没有任何面部表情的人物特写镜头组接，然后放映给观众看。如图3-1所示，在这三组镜头中，人物的面部特写镜头没有变，只是与之组接在一起的镜头不同。将一盘汤的镜头与这个面部特写镜头进行组接，观众认为他饿了。将一具女孩尸体的镜头与这个面部特写镜头进行组接，观众认为他很悲伤。将一位年轻女士的镜头与这个面部特写镜头进行组接，观众认为他对这位女士感兴趣。同一个面部特写镜头与不同的画面进行组接，就可以使观众产生完全不同的心理感受和艺术效果，这就是"库里肖夫效应"。"库里肖夫效应"说明，观众产生不同情绪反应的原因并不是单个镜头，而是几个镜头的排列和组接。

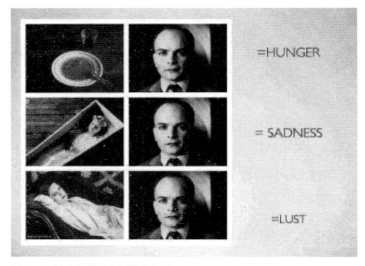

图 3-1　镜头组接的库里肖夫实验

另一位苏联电影导演普多夫金（Пудовкин / Pudovkin）在库里肖夫实验的基础上，将三个镜头以两种颠倒的次序排列组合，产生了完全对立的概念和含义。这一实验再次有力地证明，对于相同的镜头，改变它们的排列组合，可以产生新的情感，形成新的理念，取得意想不到的艺术效果。

由此可见，镜头组接的顺序有多么重要。下面就来介绍一下，如何确定镜头组接的顺序。顺序的建立依据的是时间关系、空间关系和逻辑关系，或者说顺序包括时间顺序、空间顺序和逻辑顺序三类。

3.1.3 时间顺序

时间关系由两个基本要素构成：一个是时序，另一个是时距。

时序解决排列的先后顺序问题，确定了哪些内容排列在前，哪些内容排列在后。诗词歌赋行文的起承转合，是顺序的问题；小说情节发展的起因、经过、高潮和结局，是顺序的问题；电影剪辑要用一个主镜头引领后面若干个副主镜头，还是顺序的问题。顺序很重要，它有助于人们重建对空间的认知，然后全神贯注地融入故事情节，基于剧中人物的处境去感受和思维。

时距则是指时间持续的长短。长镜头是长时距，短镜头是短时距，快镜头是压缩时距，慢镜头是拉伸时距，定格是冻结画面、延长时距。一个苹果的特写镜头，停留一秒、五秒和十秒，给观众的感受是完全不同的。停留一秒，观众只是看到一个苹果。停留五秒，观众会认真观察：这个苹果是好的还是已经坏了？有没有虫眼？水分如何？……停留十秒，观众会想很多：这个苹果是什么品种？产自哪里？它的产地发生了什么不寻常的事情？它为什么会出现在这里？……观众甚至可能想到那句关于苹果的英文谚语："An apple a day keeps the doctor away。"（一天一个苹果，医生远离我。）此时，观众的关注点不再是苹果本身，已经转移到健康问题上来了。如果画面停留时间只有一秒，那么观众只是看到一个苹果而已，并不会想到健康问题。时间长一点或者短一点，镜头表达的语义是不一样的。

时间的特点是单一维度，是线性向前和不可逆的。时间只能沿着过去、现在和将来的方向延续，具有不可逆性。时间是人类用以描述物质运动过程或事件发生过程的一个参数，靠不受外界影响的物质周期变化规律来确定。因此，时间关系是绝对的，空间关系则是相对的。时间是第一位的，总被放在空间前面，引领空间。我们总是先明确时间，再去构建空间，接着阐释逻辑和推理，这已经成为大家潜移默化的思维习惯。我们在讲故事的时候，总是先说"从前""很久以前""古时候"，或者说故事发生在某朝某代，再说故事发生在什么地方,有什么人,是什么事,这个顺序是不能颠倒的。

3.1.4 空间顺序

空间顺序的呈现也要遵循普遍的认识规律。比如,空间距离由远及近,空间位置自上而下,空间体积由大到小,这些都是人们认识事物的空间顺序。人们总是要先搞清楚整体,然后将整体划分成若干个局部,再去研究局部和细节。人们对空间的认识总是从整体到局部,由宏观到微观,反之就会产生"这是在哪儿"的困惑。当然,如果之前已经交代了整体或大空间,那么从微观或局部开始也是可以的。

那么,这样的空间顺序在影视片中是如何体现的呢?以清朝诗人王士祯的题画诗《秋江独钓图》为例。诗人眼前是一幅写意山水的文人画,诗作把画描绘得就好像电影分镜头脚本,把空间景别切分得十分到位:

一蓑一笠一扁舟,一丈丝纶一寸钩。

> 一曲高歌一樽酒，一人独钓一江秋。

"一蓑一笠一扁舟"是远景，表达意境。"一丈丝纶一寸钩"是由全景到中景，描绘钓鱼人的姿态动作。"一曲高歌一樽酒"是由近景到特写，刻画人物的内心世界。"一人独钓一江秋"是拉回大远景，跳出当前叙事主线，以写意的手法结束。被称为"美国电影之父"的大卫·格里菲斯（David Griffith）提出和倡导的经典电影叙事手法是，同一场景中镜头使用的顺序依次是全景—中景—近景/特写，这与王士祯在诗作中表现的空间层次并无二致。王士祯所生活的时代比格里菲斯早了两百多年，两人应该没有任何艺术上的借鉴和精神上的交流，但其叙事手法是相通的。

王士祯的题画诗并非特例，类似的诗作还有很多。比如，北宋哲学家邵雍在其《山村咏怀》中写道：

> 一去二三里，烟村四五家。
> 亭台六七座，八九十枝花。

这仍然符合格里菲斯所倡导的全景—中景—近景/特写

的空间顺序。空间规律是互通的，都要符合人之常情。远景、全景、中景、近景和特写这些镜头景别的变化，体现了空间从整体到局部的切分，演员的出入画则体现了空间从局部到整体的组合。空间即画面，在影片中如影随形，从不缺位。

3.1.5 逻辑顺序

逻辑指的是思维的规律和规则，是对思维过程的抽象。也就是说，逻辑建立在人类思维基础上，因而是主观的。影视剪辑中的逻辑顺序就是，按照事物或事理的内在联系，以及人们认识事物的过程，来安排视频素材排列的先后顺序。事物的内在联系比较复杂，有因果关系、层递关系、主次关系、总分关系、并列关系，等等。剪辑师首先要考虑清楚镜头组接按照什么顺序来：是从概括到具体、从整体到部分、从主要到次要，还是从现象到本质、从原因到结果、从具体到抽象？或者是干脆反着顺序来？

这种逻辑必须通俗易懂，符合普罗大众的认知水平，既不需要特殊的逻辑学习和训练，又不需要花费很多时间来思考。最常见的就是"原因—结果"的逻辑顺序,即后面的镜头总是在回答观众对前一个镜头的疑问,满足观众的期待,这样前后镜头组接起来的逻辑就比较紧密了。比如,我们看到,画面中出现了一把手枪,食指扣动了扳机。那么,观众内心的期待就是要看到结果:子弹是否命中?被子弹打中的对象是死是活?在食指扣动扳机的画面后面接子弹射击结果的画面,正好回答了观众内心的疑问。观众看到食指扣动了扳机,就期待看到射击的结果。这就是按因果逻辑顺序进行的镜头剪辑。

影片《阿甘正传》中有一句交代丹·泰勒(Dan Taylor)中尉家世的介绍:"他来自一个军人世家,他家族的人曾经分别参加并牺牲在每一场美国的战争里。"与旁白同步的场景有四个,都是军人在战场倒下的镜头。通过军装和战场环境可以看出,这四个战场的背景分别是:美国独立战争、美国内战、第一次世界大战和第二次世界大战。这些战争的时间跨度大约是170年,而影片只用了四个镜头、七秒钟的时间,就把丹中尉来自军人世家的背景交代得清清楚楚。连接这些碎片化镜头的纽带就是逻辑关系,依据的是时间先后的逻辑，加上人们的历史常识。

3.1.6 顺序关系

时间是绝对客观的，不因人的主观认识而改变，它反映的是外界自然规律对人施加的绝对影响。人类无法改变或者停止时间，只能顺从时间的流逝，因而时间顺序是第一性的，是一切场景交代的首要任务和前提。

时间的交代不一定要用字幕说明，如果影片开始有一个远景镜头，就能传递出很多时间信息。比如，一个远景镜头能反映出故事发生的时代特征、季节特征、一天中的早晚和天气状况等。时代特征可以通过布景、建筑、陈设和人物的装束等来反映。秦汉和明清的建筑风格以及人们装束的区别，是显而易见的。即便讲的是当代故事，20世纪八九十年代和当下人们的穿着也有着十分明显的区别。季节特征可以通过地面附着物和植被以及人们着装的薄厚来判断。地面上的冰雪或者裸露的土地，植物有无叶子，以及叶子的颜色，都能反映出故事发生的季节。一天中的早晚可以通过天光明暗和色调以及光影的角度来判断。天气状况往往与故事情节有一定的关系，场景中的阴晴雨雪承担了渲染氛围和交代特定情境的任务。

空间具有客观性，也具有一定的主观性，反映的是外界客观环境在人体感官上的投射。空间依赖外界的客观环境，要通过一些实物来构建，是看得见、摸得着的物质空间，因而具有客观性。空间的远近、大小、高低虽是客观存在，但人们可以改变自身在空间中的位置和存在状态，使空间变得相对更远或者更近，更大或者更小，更高或者更低。与此同时，远近、大小、高低是一种主观认识，并随着个体感官的差异而有所不同，并不精确，不可量化，不可比较，因此空间也具有一定的主观性。

空间本来就建立在人体感官对外界主观感知的基础上，到了影视作品中，用镜头模拟剧中人物的视角，通过剪辑再现拍摄时的场景和空间关系，因而模拟和再现就都不够客观了，这也是空间主观性的表现。比如，在剪辑两个以上人物的镜头时，不管摄像机的机位和角度如何变化、镜头运动如何复杂，都只能将在轴线的一侧拍摄的画面组接到一起，否则就会"越轴"。

"越轴"镜头中人物的左右位置或者前后位置是反的。摄像机模拟的是观众的眼睛,摄像机没有告诉观众要转身,却把在轴线两侧拍摄的镜头拿来组接,画面就"越轴"了。这样,观众对空间的理解就会出现错乱,甚至将同一个空间、同一个场景理解成不同空间、不同场景。而现实空间中根本就不存在轴线,无论是关系轴线,还是运动轴线,都是主观想象出来的东西。"越轴"现象正说明空间具有客观性和主观性,是一个理解空间关系的很好的案例。

逻辑顺序建立在人们的认知思维基础上,具有完全的主观色彩。用主观意识支撑的关联都是脆弱的和可变的,因观众个体的能力、认知水平和相关经验的不同而有所差异,这也决定了逻辑顺序的从属地位,即它不能与时间顺序和空间顺序相冲突,否则观众就难以理解,也看不懂剧情了。

时间顺序建立在自然规律基础上,具有客观性和不可控性,不管被表现得是快还是慢,时间总在一分一秒地流逝,不能停下来或者重来。空间顺序建立在物理状态基础上,具有客观性,也具有主观性。空间是一种客观存在,人们可以用身体去感知空间的远近、大小和高低。但它又是相对的，人们可以通过改变自身或者自身在空间中的位置，重新获得对空间的认知。逻辑顺序建立在认知思维基础上，而非建立在客观存在基础上，只具有主观性，因而其排列顺序是可变的，其组接关系也是脆弱的。

3.2 镜头叙事的顺序

影视片以合乎逻辑和节奏的方式，将许多镜头按照一定的顺序组合到一起，进而达到叙述故事、抒发情感和发表议论的目的。如果将影视剪辑比喻成写文章，那么景别相当于单词，匹配相当于词组，组接相当于句子，转场则相当于"回车换行"，另起一个段落。之所以被称为影片，而不是剧照，就是因为"剪而辑之"，也就是剪辑。剪辑有两个基本作用：一是保证镜头转换的流畅，让观众感到整部影片是一气呵成的；二是保证影视片的段落和脉络是结构清晰的，不至于让观众把不同时间和地点的镜头误认为同一场景。下面我们就来看看，剪辑师是如何做到这些的。

3.2.1 开场

要讲述一个故事,或者一段情节,如果是写文章,应如何开始?首先要交代时间和地点,为故事的发生和发展做时代背景的交代,同时为人物的出场做空间环境的准备。然后再叙述故事的起因、经过和结果。这就是常说的记叙文"六要素"。如果换成视听语言,应该如何开场呢?

我们应该选择景别比较大的镜头作为故事的开始,也就是采用大景别系列的镜头,包括小全景、全景、大全景、远景和极远景,以大全景、远景或者极远景为首选。这是因为,故事开始要交代时间、地点和人物,近景系列的镜头,包括中景、小中景、近景、特写和大特写,虽然可以刻画人物细节,但对人物与周遭环境的关系交代不足。故事开始必须交代清楚时间和空间,观众只有产生了时间的观念和空间的感觉,才能设身处地地融入故事情境,跟随主观镜头和客观镜头的调动,调整心理状态,适应剧情的发展。

大景别镜头用在影视片的开篇或者情节点的开始,

除了出于写实的需要，还具有抒情和写意的作用。远景和全景都属于大景别，适合表现广阔的景物空间，具有强烈的抒情意味，能让人产生丰富的联想。远景镜头一般出现在情节的开始处，往往从大处着眼，侧重表现时间的趋势、环境的态势和规模的气势；同时寓情于景，可以创造自然含蓄的美感和深远的意境，拓展影像的表现力，做到"取势"和"达意"两不误。

在影视片中，空间特征不像时间特征那样敏感，因为人物的空间位置往往在不断地变化。当具体到某一场景时，事件就是在特定情境中发生的。应该先拍摄一个小远景或者全景，提供一个总角度，介绍这个场景的空间环境，以及画面中角色的位置关系，起到"定位"的作用。之后事件的发生和发展都要依托这个位置关系，并据此确定光线效果及轴线关系，以及画面的影调、色调和情感基调。这个场景的空间环境就是叙事空间。将大景别系列镜头用在故事的开始，其目的就是要构建一个特定的叙事空间，表现主角及其所处的环境，同时交代主角与周围环境的关系，表现人物的行为或物体的运动。

小景别镜头难以展现空间，因为小景别镜头景深小，背景是虚像，所以空间的概念会被虚化。大景别镜头景深大，背景是实像，把空间的概念具体而实在地交代出来。从选择镜头的角度来说，选择小景别镜头是为了将观众的注意力集中到具体人物及人物关系上，侧重表现人物的"神态"关系，而选择大景别镜头则是为了交代环境，以环境为主，以人物为辅，侧重表现人物的"形体"关系。

其实，并不是说绝对不能以小景别镜头作为影视片的开场。比如，《教父》（1972）就是以包纳萨拉的面部大特写开场的。在这个两分四十秒的超长镜头里，包纳萨拉一直在对着镜头讲述自己女儿的不幸遭遇。然后，镜头从特写慢慢地拉远，一直拉到能看清包纳萨拉坐在桌前。镜头并没有停止，继续慢慢拉远，画面成了小全景，直到教父出现在画面中才结束。在这个长镜头中，起幅虽然是小景别的特写镜头，但落幅最终还是回到了大景别的小全景镜头。有时候，影片开场的第一个镜头并非大景别镜头，但经过几个镜头之后，终归以大景别镜头告一段落。这是因为影片开始总要告诉观众，故事发生的时间和地点，否则观众会觉得晕头转向，在心理上也无所适从。类似的剪辑手法在《哈利·波特与死亡圣器（上）》（2010）中也出现过，这部电影的第一个镜头就是眼睛的大特写。这样剪辑的目的就是制造悬念，吸引观众继续往下观看，一探究竟。在特写镜头之后终究还是需要用大景别镜头，告诉观众是什么时候，在哪里以及发生了什么。

开场的大景别镜头中完全可以不出现人物，即空镜头。所谓的空镜头，就是指画面中只有景和物、没有人的镜头。空镜头可以用于介绍环境背景，交代时间和空间，抒发人物感情，推进故事情节，以及表达作者态度，等等。空镜头有"写景"与"写物"之分。"写景"的空镜头称为"风景镜头"，往往是全景或远景，用在故事的开始，作为交代镜头。"写物"的空镜头称为"细节描写"，一般是近景或特写，通常用在叙事过程中，不会出现在影视片的开场。

3.2.2 景人转换

在影视片的叙事镜头开始之前，通常会有一个以风景为主的远景镜头作为交代镜头,介绍故事发生的时代、季节、时间、地点等信息,为故事开场构建叙事空间。交代镜头一般使用大景别,不但是一种渲染气氛和抒发情感的手段,还向观众传达更多的视觉信息,因此它持续的时间也要比小景别镜头长。接下来,如何将以风景为主的长镜头,转换为以叙事为主的短镜头?这其实并不难,只要插入一个兼顾风景和人物的镜头,就可以转换成以人物为主的场景,这就叫作"景人转换"。然后,剪辑师就可以按照自己的风格,用镜头讲故事了。

  以"老和尚给小和尚讲故事"为例。"从前有座山,山里有座庙,庙里有个老和尚,老和尚在给小和尚讲故事……":"从前有座山"是极远景,也是叙事镜头开始前的交代镜头,这个镜头不但要交代清楚时代、季节和时间特征,还要交代山的气势。"山里有座庙"是远景,仍然是交代镜头,进一步补充细节,不但要强化山的气势,还要交代庙的庄严,为人物出场做准备。接下来,开始"景人转换"。"庙里有个老和尚"是小远景,景和人都出现在画面里,一半景,一半人,景是庙,人是老和尚。这就实现了"景人转换"。在大景别镜头交代清楚时间和空间之后，人物也就该出场了。

3.2.3 主角确定

需要强调的是，对叙事开始部分的第一个特写镜头，不能随意安排。按照商业片一贯的表现手法，一场戏的第一个大镜头给谁，谁就是这场戏的主角。这里说的"大镜头"就是指人物主体画面占比较大的镜头，通常是特写或大特写镜头，有时候也会是近景或小中景镜头，这要视具体的空间环境而定。如果是在室外，背景都借助景深虚化了，这时近景的效果也不亚于特写。接下来就是以这个近景人物为主角的一场戏。在视听语言里，特写的含义是强调。

3.2.4 镜头叙事

在介绍如何用镜头叙事之前，我们先来回顾一下最常用的五个镜头景别，即远景、全景、中景、近景和特写。我们以镜头中主要人物（主角）的画面占比作为观察的重点。远景表现的空间比较广阔，主角一般不出现或者主角在画面中的比例较小，以表现大的场景、烘托气氛。全景表现主角的全身及其所处的周遭环境，注重交代主角与环境的关系。中景主要表现主角膝盖以上的部分，常用于表现人物之间动作和语言的交流。近景一般呈现主角胸部以上的部分，用于表现人物的面部表情。特写则表现主角肩部以上的部位，相对于近景来讲，特写更能突出人物的个性特征和真情实感。

我们将上述镜头景别分为两类：一类叫主镜头，英文是"master"（M），包括远景和全景，当然也包括极远景、大远景、小远景、大全景和小全景等，都是景别较大的镜头。主镜头的作用是完成对"关系"的交代，主要是交代环境和任务，并将人物带入场景。另一类叫副主镜头，英文是"coverage"（C），都是景别较小的镜头，包括中景、近景和特写。叙述故事、抒发情感和发表议论都是副主镜头的任务。

将这些主镜头和副主镜头按照一定的逻辑、构思、创意和规律，连在一起，形成一组连续的镜头，称为"镜头叙事"。导演拿到分镜头脚本之后，要先根据故事中的转折和变化，逐一拆分故事场景，形成一个一个的故事情节点，摄影师再按照这些故事情节点进行拍摄。在拍摄时，应该先拍主镜头，再拍副主镜头。主镜头记作"M"，副主镜头记作"C"，若干个"M + C + C + C + …"或者"… + C + C + C + M"，就构成一个情节点。如果观众仍然无法区分影视片中的主镜头和副主镜头，那就是剪辑没有到位，影片也一定是不连贯和不流畅的。在一个情节点拍摄完成之后，通常要转一下摄像机角度，再接一个主镜头，也就是"… + C + C + C + M"。

3.2.5 镜头角度

如果前一个场景结尾的镜头与后一个场景开头的镜头的景别相同，那么一般不是全景接全景，就是特写接特写。全景接全景是，前一个镜头以空间环境或整体气氛为结束，后一个镜头以空间环境或整体气氛为开始。特写接特写是，前一个镜头突出一个段落，后一个镜头以富有感染力的细节引出另一段故事。当特写接特写时，观众的注意力相对集中，场面过渡和衔接更加紧凑。需要注意的是，这两种同景别镜头的组接是有前提的,即要么两个画面中的主体不同,要么两个画面中的主体虽然相同,但拍摄角度不同。剪辑师中流行一句顺口溜,叫"同机位,同主体,莫组接",说的就是在镜头组接过程中,前后镜头的拍摄角度应该有明显的变化。同机位,意味着镜头的拍摄角度是相同的。在此前提下,即便景别不同,仍然会出现跳接现象,因为那样处理后更像一段被裁剪了的推拉镜头。需要强调的是,这是同一场景、同一主体的剪辑原则,并不是说同机位、同景别的镜头在任何情况下都不能组接。

那么在同一场景中,同机位、同主体的镜头要转多大的角度才能组接呢?我们先来看一个例子。以中景镜头为例,如果第一个镜头是某人的正面中景,在这个人的后面有一盏路灯,第二个镜头的拍摄角度转了15—30度。在人物和路灯的位置都不变的情况下,前后镜头组接,前景中的人物位置基本不变,而背景中的路灯却移动了,岂不很奇怪?这是一个明显的错误。但如果拍摄角度变化在90—180度之间,镜头组接起来则是另外一种情形,即人和路灯的位置都发生了明显的变化。尽管角度变化很大,观众也能理解,知道出现这些变化是因为拍摄角度变了。所以，镜头组接时角度变化宁大勿小。

对于同一个视觉主体，在景别不变的情况下，为了避免在组接中出现跳接，前后片段的镜头角度变化要大于30度。当角度差小于30度时，观众感觉不到明显变化，就会有"跳"的感觉，这叫"30度规则"。"30度规则"要求摄影师沿着180度弧线架设摄像机，不同机位之间的镜头角度至少要有30度的变化。如果拍摄机位的镜头角度差小于30度，所拍镜头组接在一起的画面看起来就会过于相似，观众会产生思维的"跳跃"。这就是"跳接"一词的由来。

在镜头组接时，镜头角度变化宁大勿小，并不意味着镜头角度差越大越好，当镜头角度差大于90度时，观众也会感觉不连贯。在方向性比较强的场景中，镜头组接还可能会出现越轴的问题。所以，比较实用的做法是，将镜头角度的变化控制在30—90度，这样剪接的画面会比较流畅。这样剪接起码有两个好处：一是画面内容有较大的变化，观众一眼就能看出前后变化，避免了不自主的比较；二是画面中相同的部分保留了一半以上，这样有利于保持叙事空间的稳定性，观众不至于出现空间理解上的混乱。总之，在同一场景中切镜头时，最好同时带上角度的变化；镜头角度的变化要在30—90度，不然就会出现跳接。实在不行，我们还可以在机位和景别都相同的镜头中间，插入特写镜头、全景镜头、空镜头或者旁观者的反应镜头来避免跳接。其实，这些镜头本身也就意味着拍摄角度发生了变化。

3.2.6 轴线与越轴

什么是轴线？轴线的英文是"imaginary line"，也叫假想线。在拍摄方向性较强的场景时，其中往往存在一条或几条虚拟直线，摄像机位要在这些条虚拟直线的一侧摄制，以保证人或物在画面中的方位前后一致，这些虚拟直线就叫轴线。轴线是架设机位的临界线，越过这条轴线，人物的位置关系和朝向就会与在轴线另一侧机位拍到的画面相反。

轴线是指由被摄对象（主体）的视线方向、运动方向和不同对象之间的关系形成的一条虚拟直线。由视线方向或运动方向形成的轴线被称为方向轴线。方向轴线一侧的被摄对象如果是静止不动的，即没有位置移动，就要根据各主体间的连线或主体到背景平面的垂直线来确定轴线。被摄对象如果是运动的，其运动方向就构成了主体的方向轴线。运动方向轴线是由被摄主体运动产生的一条无形直线，或称为主体的运动轨迹。在竞技类体育尤其是球类比赛中，运动轴线关系的构建非常重要，它不但要呈现双方球员在场上的移动范围和运动方向，还要向观众交代清楚双方的攻守关系，以免观众产生任何攻守关系上的认知困惑。

还有一种轴线叫关系轴线。由两个及以上的人物之间的位置关系形成的轴线称为关系轴线。关系轴线是依据被摄对象之间的位置关系形成的一条虚拟直线，它产生于两个人之间的交流。无论两人是正面相向还是彼此背对，我们都可以根据其头部的位置确定轴线。换句话说，关系轴线只与人物头部的相对位置有关，与人物的视线方向无关。在方向轴线和关系轴线同时存在的情况下，可能还会涉及水平轴线。

在架设拍摄机位时要遵守轴线规律，即要将机位设在轴线的一侧区域内。不管镜头运动多么复杂，摄像机的位置和角度如何变化，在镜头组接后的画面中，被摄主体的运动方向和位置关系都应是一致的，否则就称为"越轴"（Jump the line，也称"跳轴"或"离轴"）。比如，在前一个镜头中，人物A在左侧，人物B在右侧，而在后一个镜头中，人物B在左侧，人物A在右侧，就是越轴。

怎样设置拍摄机位，才能避免剪辑时出现越轴呢？如果将摄像机、人物A和人物B的位置关系看作三角形，那么在A点和B点连线的一侧拍摄，即在以A点和B点连线为底边的三角形顶点上设置拍摄机位，基本就不会出错，拍摄的镜头组接起来也都不会越轴。在180度范围内设置机位，是很多教科书中提到的避免越轴的技术规范，它源于人类的视野范围只有180度。

如图3-2所示，男孩和女孩面对面站着，两个人头部的连线就是关系轴线。在关系轴线一侧，即圆周的实线区域内设置机位拍摄，都是合理的。剪辑的顺序通常是，2号机位作为主镜头在前，然后接副主镜头1号或3号机位。至于1号与3号机位哪个的镜头在前面，则取决于剧情的需要。一旦摄像机越过关系轴线，比如到了X机位，画面中人物的位置关系就会发生变化。在1号、2号和3号机位的画面中，始终都是女孩在左侧,男孩在右侧。如果后面接 X 机位的画面,就是男孩在左侧,女孩到了右侧。如果是这样,那两个人是在什么情况下互换位置的呢?故事情节中并没有交代,观众心里就会充满疑惑。从剪辑的角度来说,只要1号、2号和3号机位的画面后面接 X 机位的画面,就都是越轴。在图 3-2 中,不仅是 X 机位,从关系轴线下方圆周实线区域内的任何机位拍摄的镜头,接从关系轴线上方圆周虚线区域内的任何机位拍摄的镜头,都会出现越轴的问题。也就是说,我们只能组接在轴线一侧180度的范围内设置机位拍摄的镜头,无论是左侧还是右侧的镜头,都可以组接,就是不能跨越轴线组接镜

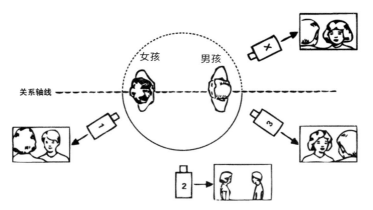

图 3-2　设置机位的"180 度规则"示意图

头。这叫"180度规则"。

但一些特殊情况中可能存在两条以上的轴线，这时不越轴的合理范围就不是180度以内了。比如，两个人肩并肩向前走，就像图3-3中左图那样，两个人的位置关系构成第一条轴线——关系轴线，两个人的运动方向构成第二条轴线——方向轴线，两条轴线是垂直的。这时，在180度范围内设置机位就不会越轴了吗？

如图3-3中左图所示，场景是一对情侣并肩前行。从1至4四个不同的角度拍摄，会形成四种完全不同的构图方案，如图3-3中右侧画面1至画面4所示。如

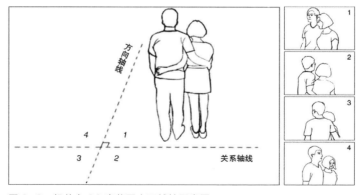

图3-3 机位在90度范围内不越轴示意图

剪辑的秘密

果将画面1和画面2组接，或者将画面3和画面4组接，就会出现相同的错误：这对情侣在前后镜头中的朝向是反的。画面1和画面4是情侣面向观众，画面2和画面3是情侣背对观众。将画面1和画面2组接，或者将画面4和画面3组接，前一个镜头中的人物面对观众，后一个镜头中的人物背对观众。这样组接的镜头跨越了情侣头部连线的延长线，也就是跨越了关系轴线，颠倒了向背关系，必然会造成观众方位认知上的混乱。

如果改变组接顺序，将画面1和画面4组接，或者将画面2和画面3组接，虽然可以避免跨越关系轴线，但是依旧会产生"越轴"的错误。在画面1和画面2中，女孩在前，男孩在后，女孩的身体挡着男孩。在画面3和画面4中，男孩在前，女孩在后，男孩的身体挡着女孩。如果将画面1接画面4，或者将画面2接画面3，虽然人物都是面向观众或者背对观众，但前一个镜头都是女孩的身体挡着男孩，后一个镜头都是男孩的身体挡着女孩。男孩什么时候到了女孩前面的？镜头并没有交代。这样组接的镜头实际上跨越了情侣行进路线的方向轴线，颠倒了前后顺序，也会造成观众方位认知上的混乱。如果他们没在走路，那么共同的视线方向仍然构成方向轴线。除非将摄像机就架设在情侣行进路线的正前方，否则将任何机位拍摄的画面组接起来，都会产生谁在前、谁在后的问题，也就是说，总会出现一个人挡着另一个人的情况，越轴是不可避免的。

总之，像图 3-3 这种情况，将从不同区域内拍摄的镜头组接在一起，结果都会非常搞笑，要么向背关系是反的，要么前后关系是反的。综合上述两种情况，当方向轴线和关系轴线同时存在，且方向轴线和关系轴线十字交叉时，"180 度规则"就不适用了，而是将在 90 度范围内拍摄的画面组接起来才不会越轴。

只要方向轴线和关系轴线同时存在，并且不重合，就一定会形成一个平面，通常这个平面就是水平面。水平面可能是地平面，也可能是在半空中与地平面平行的面，比如悬空的露台、高层的楼板、玻璃栈道等。那么，跨越这个平面就相当于跨越了一条水平轴线。水平轴线是摄像机与被摄主体连线在水平面上的投影线。因为面本就是线的集合，关系轴线和运动轴线都在这个面上，所以运动轴线或关系轴线都可能是水平轴线，但水平轴线不一定是方向轴线或关系轴线。从水平轴线之上往下拍摄是俯视镜头，从水平轴线之下往上拍摄是仰视镜头，沿着水平轴线方向拍摄是平视镜头。平视镜头接仰视镜头，不会越轴，平视镜头接俯视镜头，也不会越轴；反之亦然。而仰视镜头接俯视镜头，或者俯视镜头接仰视镜头，就会越轴，因为仰视镜头和俯视镜头中的观众视角不同，将其画面组接起来就会给观众造成空间关系理解上的混乱。

  需要说明的是，高低错位的俯仰角度的正反打镜头，不在越轴的讨论范围之内。不管是方向轴线、关系轴线还是水平轴线，都针对同一被摄主体，比较的是同一被摄主体的向背关系、前后关系以及上下关系。而正反打镜头是先拍正打镜头，再接正打镜头注视对象的镜头，即反打镜头。正打镜头的画面主体和反打镜头的画面主体不是同一个，自然不可以拿来比较其向背关系、前后关系以及上下关系，也就意味着不用考虑越轴的问题。

  虽然越轴会造成观众空间理解上的混乱，但是影视片剪辑师很难做到绝对不越轴。有些时候是出于借景的需要，有些时候是出于剧情的需要，越轴也是不得已而为之。所以，非常有必要了解一下，怎样的越轴才是合理越轴。下面就来介绍几种常见的合理越轴的方法。

（1）利用轴线上的镜头越轴。

只有场景中的人物之间或者人物和观众之间建立起互动交流的关系时，场景空间才会涉及虚拟的轴线。当作为主镜头的全景出现时，原来的轴线关系就被破坏了。有的书上说，在任何镜头前面放一个全景镜头，都可以实现越轴。其实这样的表述并不严谨。轴线上的镜头通常是全景镜头，但也可以是中景或近景镜头。况且全景镜头不一定都在轴线上，也可以在轴线以外。所以准确的表述应该是，利用轴线上的镜头来越轴。

在镜头组接中，不管是否需要越轴，都可以接轴线上的镜头。先切一个轴线上的镜头，后面可以切越过轴线的镜头，即接轴线另一侧的画面；也可以不越轴，即跳回起始的这边，接任意景别的镜头。只要先切轴线上的镜头，后面接轴线哪一侧的镜头都没问题。在演播厅里拍摄时，轴线上的摄像机永远处于工作状态，因此被戏称为"奴隶机"。当切换机位时，只要先点击一下轴线上的机位，再切其他机位，就一定不会造成越轴的问题。哪怕是先切了轴线上的机位，再切回原来的一侧，都不会越轴，这样的画面调度也是合理的。有经验的摄影师会刻意多拍一些轴线上的全景镜头或者空镜备用。到后期剪辑时，就会知道轴线镜头的重要性了，没有轴线镜头，画面就不够用，有了，就够用了。这就是有经验的摄影师和新手之间的区别。

  这里讨论的是，在一个水平面上利用轴线上的镜头来越轴。如果方向轴线和关系轴线十字交叉，并处在同一个水平面上，那么在这个水平面上方拍摄是俯拍，在这个水平面下方拍摄是仰拍。对于同一个主体而言，俯拍镜头和仰拍镜头也是不能组接在一起的，因为这会跨越水平轴线。跨越水平轴线的越轴的处理方式也是，增加一个水平轴线上的镜头来做过渡：可以按照俯拍—平拍—仰拍的顺序组接，也可以按照仰拍—平拍—俯拍的顺序组接。还有一种处理方法是，用从俯拍到仰拍或者从仰拍到俯拍的连续镜头做过渡，只要连续镜头跨越了水平轴线就可以。总之，这种越轴方式中一定要有水平轴线上的镜头，不管是平拍镜头还是连续镜头，否则就会造成跳接。

（2）利用运动镜头越轴。

前文提到，用从俯拍到仰拍或者从仰拍到俯拍的连续镜头，可以跨越水平轴线，完成越轴。这里所说的"从俯拍到仰拍或者从仰拍到俯拍的连续镜头"，其实就是运动镜头。运动镜头能够调动画面中人物的位置，在运动结束时画面重新构图，也将重建轴线关系。利用运动镜头跨越轴线，在轴线另一侧重新构图，就可以达到合理越轴拍摄和剪辑的目的。简单地说，运动镜头的起幅是在轴线的一侧，其落幅在轴线的另一侧，这样就可以实现越轴。

这里说的起幅是指摄像机开拍的第一个画面，落幅是指摄像机停机前的最后一个画面。运动镜头的落幅只要过了轴线，哪怕只是过了5度，即使后面再接一个85度机位上的镜头，也没有问题。这相当于把观众的视角转了过去，此时原来的轴线就失效了。如果落幅还是在轴线的起幅一侧，哪怕是落在轴线上，仍然会造成越轴的问题，因为原来的轴线关系尚未失效，其约束力仍在。

（3）利用无方向感镜头越轴。

在拍摄人物时，也可以借助不带肩的正面镜头实现越轴。人物镜头一旦带肩，哪怕只是露出一点，就容易区分人物的左右了。能区分左右就意味着有明确的方向，有明确的方向就可能会犯越轴的错误，所以只能利用无方向感镜头越轴。无方向感镜头通常是特写镜头，这些特写镜头只反映局部特征，并且充斥整个画面。没有参照物就没有方向感，也就不会让人有空间上的错觉。比如，从一个人左侧拍摄的镜头接从其右侧拍摄的镜头，就会造成越轴的问题。如果在从左侧拍摄的镜头后面插入一个那人眼神的特写镜头，再接从其右侧拍摄的镜头，就可以避免越轴。再比如，对于一辆行驶中的汽车来说，先给车头一个正面的特写镜头，下一个镜头就可以接从汽车的另一侧拍摄的镜头，这个特写镜头帮助我们实现了越轴。

3.2.7 三镜头法

为了不让观众产生空间感知上的混乱，好莱坞的"三镜头法"值得借鉴。"三镜头法"是好莱坞电影剪辑的万能法宝之一,从 20 世纪四五十年代开始,沿用到现在。用"三镜头法"结构电影的画面空间,可以保持银幕上的现实幻觉,观众也不会产生对空间的理解错乱。虽然影视制作技术在不断进步,但是叙事过程中人物之间的对话剪辑仍然没有脱离"三镜头法"的范式。

好莱坞影片讲故事,首先要确定一个空间。每一个段落——俗称一场戏,必须先定下一个空间关系,也就是说必须先找到一个镜头作为主镜头。在国内,主镜头也被称作交代镜头。比如,两个人物 A 和 B 对话,A 在左,B 在右,我们说这就是主镜头的空间关系。这个主镜头必须是一个全景或者小全景,才能把人物 A 和 B 都包括在画框里,我们称之为镜头 1。然后切一个人物 A 的客观镜头,即正打镜头,我们称之为镜头 2;再切一个人物 A 的主观镜头,从 A 的视角看 B,就是人物 B 的反打镜头,我们称之为镜头 3。如此反复,直至 A 和 B 的对话结束。在这三个镜头中,镜头 2 和镜头 3 都是镜头 1 的一部分,而且镜头 2 和镜头 3 中互有彼此的一部分。

这里所说的正打镜头也叫正拍镜头,是指拍摄一个人正在与另一个人谈话,或者对某事物做出表情反应的镜头。而反打镜头也叫反拍镜头,是指切入正打镜头中人物的谈话对象,或者引起正打镜头中人物做出表情反应的人或事物的镜头。反打镜头又分内反打镜头和外反打镜头,也可以称为内反拍镜头和外反拍镜头。内反打镜头不要拍到另一个人,即主观镜头。外反打镜头要拍到另一个人的一小部分,通常是另一个人的部分背影。为了避免离镜头近的人物背影挡住对面的被摄对象,也为了拍清对面的人物,常常会把摄像机的水平轴线提高,将机位设置为越过摄像机一侧人物的肩膀。所以,外反打镜头的画面中常常会露出前一镜头中正打人物的半个肩膀,即"越肩"镜头。只要背影或者"越肩"镜头出现,不管露出多少,都只能算作客观镜头。所以外反打镜头不可能是主观镜头。

　　正打镜头接反打镜头是一种以简单形式表达复杂故事内容的手段,常常用于表现故事片中人物的对话。它是从旁观者的角度考虑拍摄,因此画面的空间结构就会更符合旁观者的视觉透视关系。当画面中两个人面对面时,可以通过人物镜头的互相切换,模拟人物对话时各自的视角，一般表现为以听话者或者旁观者的视角看着说话人，并且不断地变动对话双方的视角。此时，尽管空间已经被剪辑切割，却仍能给人以连续活动的错觉。

在对话中根据需要加入半主观的反应镜头，往往会取得意想不到的效果。比如，两人争执得不可开交，此时切换成半主观镜头，会体现出旁观者的忧虑，比正反打镜头更有韵味：旁观者超脱于对话双方的立场，其表情和反应能表达更多的潜台词，如喜、怒、忧、思、悲、恐、惊等，如此丰富的反应镜头起到了无声胜有声的效果。半主观镜头还能引导观众的情绪，激发观众做出类似的心理反应。别忘了，观众也是旁观者，画面里的旁观者和画面外的旁观者的心理感受其实是差不多的。

"三镜头法"的常用场景就是双人对话。"正反打"是一条在拍摄现场调度组合镜头的规律性准则，绝大多数情况下出现在双人对话场景中。对于多人对话的场景，则可以通过镜头切割空间，形成双人对话的场景。比如，利用两个人物说话时的对视，形成空间关系轴线，不在轴线上的人物被放到镜头焦点之外，处于景深之中，这些人物形象就会被镜头虚化处理。这样做的好处是，能忽略空间中不重要的其他人物，将其作为双人对话镜头的前景或背景。经过这样的切割，多人镜头就变成了双人的正反打镜头。

所以，好莱坞的"三镜头法"是时空的统一，追求的是电影在封闭空间中时空观念的连贯性。"三镜头法"是好莱坞电影剪辑的成规，也是封闭空间中保持镜头连贯性的基本规律。

3.2.8 分剪镜头

将拍摄的一段连续镜头切开，分成两个或者多个镜头依次使用，就是分剪镜头。分剪镜头多用在对话场景中。将一段说话的镜头拆开来使用，话音一直持续，画面却在说者、听者和旁观者之间反复切换，是影视片中很常见的剪辑技巧。

如果不用分剪镜头剪辑，等说者全部说完，镜头再切入听者的反应，这样的剪辑有时就会沉闷拖沓，特别是在说话时间较长的情况下。说者先讲几句话，观众就已经可以捕捉到很多信息了，再继续下去，画面传达的信息将毫无新意,观众难免感到厌倦和无趣。如果将镜头切给听者,观众可以看到听者是什么神态表情,有什么心理反应,那就很有意思了。镜头切入听者,可以让观众看到这些话的作用和效果;切给旁观者的反应镜头,也可以表达一些对话中没有的或者不便言明的潜台词。

  当一段连续镜头被剪开使用时,前后镜头的主体是否相同,其强调的效果也有区别。如果前后镜头的主体相同,分剪镜头的目的就是突出主体,引起观众注意;如果前后镜头的主体不同,分剪镜头就是在强调联想或对比,常见的反应镜头就属于这种用法。分剪镜头不但可以增强故事情节的戏剧性,调整不合理的时空关系,还有助于制造紧张气氛和悬念,并且增强节奏感。

  需要注意的是,当一个连续镜头被剪开使用时,绝对不可以将其一分为二,切成两半,在中间直接插入另一个镜头,而应该将插入镜头的时长也计算进来,少用一部分源素材也是合理的,否则时间就不同步了。原因在于,在源素材中间插入另一个镜头以后,总的时长就增加了,后面要再用源素材,就必须把增加的时长扣除,这样时间关系才能保持一致。一分为二、直接插入镜头的做法,不但会让节奏拖沓,还会破坏叙事空间应当具备的真实感。

3.2.9 景别变换

用大景别镜头叙事的方式来展现场面和空间,然后接小景别镜头进行细节刻画和动作描写,是最常见的镜头叙事手法。远景和全景所传达的信息是其他景别无法企及的,如历史时代、春夏秋冬、一天中时间早晚和阴晴雨雪等。交代完时间和空间,接下来就可以用中小景别镜头进行叙事了。景别的推进可以是逐步的,跨越景别连接镜头也是被允许的。比如,中景可以接近景,也可以直接接特写,跨越景别要以观众理解起来没有困难和镜头衔接流畅为标准。

在景别快速切换的运动镜头中,想让观众在很短的时间内捕捉到运动主体的更多信息,就需要穿插使用小景别镜头,特别是近景、特写和大特写,以强调细节,比如眼神、汗滴、使用武器的手法学细微的动作等。这些细节可以起到引导观众心理的作用,因而要保证足够的时长来让观众获取这些信息,但又不能过于拖沓，破坏运动的节奏。镜头的持续时间与人的视觉感受直接相关，所以我们需要控制镜头的持续时间。

比较普遍的剪辑规律是，给远景的时间要长，给近景的时间要短。就视觉心理而言，对于信息含量比较大的、对观众视觉吸引力比较强的，以及景别画面比较大的镜头，给的时间都要长一点。这样有利于观众看清画面的内容，解读画面的内涵，感受画面的情感。时间越长，心理因素的作用越明显。就艺术创作而言，保持画面的持续时间不变，可以客观地展现被摄事物。如果人为地延长或缩短画面的持续时间，则可以制造积累或悬念效果。就画面剪接而言，不同景别画面的组接可以产生不同的节奏。远景画面和全景画面的持续时间往往较长，两者组接在一起，就会显得节奏慢；近景画面和特写画面的时间持续往往较短，两者组接在一起，就会显得节奏快。

无论是静态镜头，还是动作镜头，景别的变化都是为了引导观众的视点跟随变化，这是实现画面造型、形成节奏变化的重要因素。镜头从远景或者全景推向近景或者特写，能够产生前进的雄壮的力量感，也方便将镜头叙事推向情节的高潮点。这是因为，向前推进镜头，从观众的角度来看，镜头距离被摄对象越来越近，呈现一种主动接近的进取姿态。在绝大多数影视作品中，剪辑师都是这样处理景别变换的。

反之，镜头从近景或者特写后拉至远景或者全景，则能够产生退缩和彷徨的意味。影片《教父》的开始就是这样，先给一个包纳萨拉的特写镜头，镜头里只有他的一张脸，背景是一片漆黑，他一直在诉说女儿的不幸遭遇。然后，镜头慢慢地拉远至包纳萨拉坐在桌前陈述。镜头没有停止，还在慢慢地拉远，画面成了小全景，直到教父入画才停止。这一故事情节的背景是，包纳萨拉的女儿被美国男友打断了鼻梁和下巴，法官却没有给他以重罚，于是包纳萨拉请求教父帮忙。教父先是以包纳萨拉不尊重自己和他们的友谊为由，予以拒绝。最后，在教父的威势之下，包纳萨拉屈服地喊了"教父"，教父答应了他的请求。这个镜头长达两分二十秒，用足够长的时间调动现场的气氛和情绪，把包纳萨拉无助、退缩和彷徨的心态展示得淋漓尽致。

在以上两种情况中，镜头推进也好，后拉也好，景别的变化都是连续的，画面的过渡也比较柔和平顺。如果前一个镜头与后一个镜头的景别恰恰处于两个极端，即前一个镜头是特写，后一个镜头是全景或远景，或者前一个镜头是全景或远景，后一个镜头是特写，这样的两极镜头组接在一起，就会产生明显的段落感，往往预示着情节将有突变。两极景别镜头的画面本身的变化比较明显，组接起来可以使镜头的节奏力度得以增强，从而大大地提升画面的视觉冲击力。

影片《金陵十三钗》中有一段李教官战死前的镜头组接。先是四个特写镜头：李教官瞄准的眼睛、瞄准镜里的手榴弹、狙击枪的枪口和路边的手榴弹。然后接一队日军走过来的远景镜头，接下来是手榴弹爆炸，炸倒一片日军的镜头。此前，教导队在日军装甲车的强大火力攻击下，就剩下李教官一个人了。在敌我力量对比中，李教官明显处于弱势。此处，镜头从特写直接切到远景，随着手榴弹爆炸，双方强弱对比的态势瞬间发生了逆转。

特写镜头不是日常生活中的视角，因而具有中断当前叙事、把叙事主线从当前故事情节中抽离出来的作用。借助特写镜头，可以巧妙地实现景物转换，重构叙事空间。特写镜头经常用于从现实叙事切换到回忆、再现、梦境、幻想等心理空间。比如,影片《泰坦尼克号》就用特写镜头实现了老年露丝和青年露丝之间故事情节的时空转换,轻松地实现了时空穿越,再现了八十四年前的情景后,又轻松地跳回到当前的叙事进程。

3.2.10 结尾

中景和近景旨在叙事,就事论事,是新闻拍摄的基本手法。在片尾,故事或者叙述已经结束,此时要用"极端"的景别把观众从现实叙述的主线中拉出来,应该用极小景别或者极大景别的镜头,使之与中景或近景有比较大的级差。这样,观众就很容易将其和现实的叙述区分开来,从而达到引导观众的情绪、抒发情感、引发思想共鸣的目的。

大景别的远景和全景可以用在段落的开始,以交代事件的地点、环境以及时间,同时发挥展现宏大场面和渲染氛围的作用。如果将远景和全景用在结尾,则可以给观众一种故事意犹未尽的感觉。要想在结尾引导观众的情绪、触发观众的思考或阐释创作者的主张，大景别是非常好的选择。大景别尤其适用于表现广阔的景物空间，具有抒情的意味，能让人产生丰富的联想。

　　小景别的近景和特写也可以用在结尾，以突出人物的性格特征，激发观众的心理共鸣。尤其是特写，它可以将画面中主角的细部动作和面部表情完全暴露在观众面前，生动地刻画主角的性格特征和内心情感。大特写则是一种更强烈的表现方式，能产生更强烈的视觉效果，更能打动观众的心。这类小景别镜头有助于突出主角在特征和情绪等方面的表现，刺激观众的泪点，在观众记忆中留下一个永恒的标记。

　　镜头叙事的表现手法其实都差不多。一部影视作品是优秀还是平庸，往往体现在对开头和结尾的镜头处理上。开头和结尾的景别选取的余地比较大，而一些特殊的景别或特殊的景别组合，可以抒发特定的情感，表现特定的视角。导演借此表达自己的生活态度，久而久之便形成了自己的影片风格。著名电影人侯孝贤认为，不同景别的组合运用，决定了影像的风格、作品的风格和导演的风格。

3.3 剪辑流程

影视工作者习惯把与拍摄相关的工作统称为"影视前期",简称为"前期";把与剪辑相关的工作统称为"影视后期",简称为"后期"。影视后期实际上包括拍摄完成后的所有工作,剪辑、混音、调色、输出等工作都属于影视后期的范畴。后期的工作是由很多工作小组相互配合,协调工作,共同完成的。为了统筹安排,避免混乱,必须事先明确影视后期的基本流程。影视后期的流程要依次经历获取、整理、筛选、顺片、粗剪、精剪、混音、调色、检查和输出等十个环节。

3.3.1 获取

简而言之,获取就是把拿到的所有镜头素材进行"数字化"存储的过程。这些镜头素材可能是被记录在胶片或者磁带上的,也可能其本身就是数字文件,都收集齐全,以备后期使用。拍摄素材的获取方式取决于拍摄时素材的记录方式,以及非线编辑软件的具体要求。如果镜头素材是胶片或者磁带的,就需要准备播放和采集设备。如果拍摄素材是数字文件的,则需要准备存储卡读取设备。非线编辑软件获取镜头素材的方式一般有三种:采集、导入和链接。

采集针对的是胶片、磁带或实时视频流。采集过程相当于转录,源素材的时长是多少,采集的时间就是多少,不能快进。非线编辑软件在采集视音频信号的过程中,会同步进行视音频的编码和存储。播放设备是否受非线编辑软件的控制,要视具体的信号来源而定。非线编辑软件可以控制数字走带设备的工作状态,但不能控制实时视频流的播放与停止。比如,电视直播信号就不受非线编辑软件的控制。

导入针对的是记录在存储卡上的数字文件。导入过程实际上要做两件事:一是转码,二是转录。导入不但要把存储卡上的文件复制下来,还要按照非线编辑软件音视频的格式要求进行重新编码。导入时间虽然不受镜头素材拍摄时长的限制,但受到转码设备工作效率和存储设备读写时间的双重限制。导入过程也是对视音频压缩编码格式的解码还原过程。因此,导入的视音频文件所占的存储空间,要比存储卡上记录的源素材所占的存储空间大得多。

链接本身并不复制或转录新的文件，只是在非线编辑软件里加上一个指向视音频源文件的链接。链接不会转码，不会生成新的视音频文件，因而不需要转码的时间。不过，链接文件毕竟没有按照非线编辑软件的格式要求进行转码，因此其剪辑实时性比较差，剪辑中经常会出现卡顿和不能实时刷新的现象，像缩放、变速和特效等剪辑操作，大多无法实时呈现。

3.3.2 整理

整理是对获取的镜头素材进行分类、分组和标识的过程。必须对获取的素材进行整理，如果不进行分类、分组和标识，这些素材的名称就是一些杂乱无章的字符串，根本无从查找。整理工作可分为三步。

首先，将素材文件按内容进行分类。分类是为了区分音频、视频、图片、特效、字幕等，也就是要将素材文件分别放入对应的文件夹。不同类型的素材，使用方式不同，出现顺序也不同。有了分类文件夹，就方便剪辑时查找和使用了。

其次，将素材文件按场次进行分组。要将时间线上相邻的素材放在相同的素材屉中，并按照场次、剧集或者项目约定的规范，对素材屉重新命名，方便以后剪辑时按素材屉名称查找。有的非线编辑软件不叫素材屉，而是称为素材箱、媒体夹或者"bin"，但其功能和作用是相同的。

最后，将素材文件按分镜头脚本或者场记单进行标识。一般是用分镜头脚本中的剧情或角色名称给素材重新命名，也可以用场记单镜头编号或者便于识别的其他名称给素材命名。素材屉中每个素材都要重新命名，目的是建立素材标识，以便于快速识别和查找。

对源素材进行整理非常耗时，非常枯燥，非常辛苦，也不是剪辑过程中最出彩的工作，但是它能决定后期制作进行得顺利还是缓慢、高效还是拖沓，特别是需要多人协同编辑的项目，其重要性不言而喻。很多剪辑师都有自己的一套行之有效的整理技巧，能将杂乱无章的素材整理得井井有条。这是后期剪辑能够顺利高效的前提和保障。

3.3.3 筛选

筛选就是将源素材按完美程度进行标记，以示区分的过程。要先回看整理完的所有素材，从中选出最合适的素材，再加上标记。对于这套标记，并没有统一的标准，不同的非线编辑软件都有各自的符号体系，剪辑师也有各自的标记习惯。

　　大多数非线编辑软件用颜色标记，因为颜色的选择余地非常大，也能给剪辑师进行自由标记留出很大空间。有的剪辑师喜欢用紫色代表最优片段，有的剪辑师用橙色表示片段的完美匹配。对于次优片段、备用镜头、特写镜头等，可以分别用其他颜色标记。筛选固然要"取其精华"，但大多数剪辑师并没有"弃其糟粕"的习惯。聪明的剪辑师不会轻易丢掉任何素材，哪怕是自己看不上的素材。反正备选颜色非常多，也可以给"垃圾"素材指定一个统一的颜色，比如土黄色——说不定明天或者几周之后，还会用到这些素材。用颜色区分筛选素材只须遵循一条原则——"从一而终"，即对一个项目自始至终只使用一套颜色进行标记。在标记时，切忌颜色混杂，如果不同工作小组各标各的，那就相当于没有标记。

　　有的非线编辑软件不用颜色标记筛选素材，而用星号或者旗标。比如，用是否高亮显示代表素材的优劣：对优选片段用高亮显示，对备用片段或者"垃圾"片段用灰度显示。用标识数量代表素材的优先等级：对一般片段不加标识，加标识的片段又可分为一个到五个不同等级。这种标记筛选的方式分级有余，分类不足。而用颜色标记筛选的方式分类有余，分级不足。总之，这两种标记方式各有各的特点，各有各的优势。

3.3.4 顺片

顺片是依据剧本或分镜头脚本，将主要镜头以及声音元素按时间、空间或者逻辑的顺序进行排列组合的过程。在时间线上确定素材的大致位置和排列顺序是顺片的核心任务。将筛选后的素材以大图标的方式显示，就进入了"故事板编辑"模式。素材大图标显示的是片段的缩略图或标记帧，便于我们识别素材片段。故事板窗口中的纵向空间和横向空间均可用来排列素材，按照剧本或分镜头脚本的情节设计拖动素材图标，就可以进行排序。如图 3-4 所示。

剪辑的
秘密

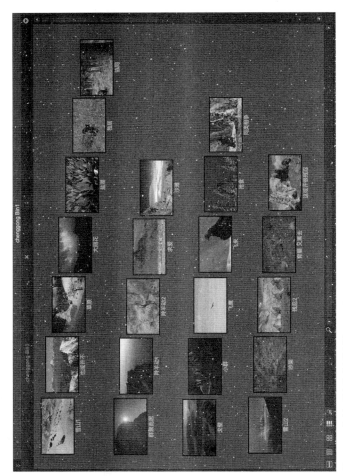

图 3-4 顺片时的故事板编辑

将故事板窗口中排好位置的片段全部选中,一起拖放到时间线窗口的序列中,选中的素材就会按照先前的排序,在序列中自动排成一行,顺片就完成了。故事板窗口中素材的排序规则是,上优先于下,左优先于右,也就是将素材拖放到序列中,上面的片段会被排在前面,下面的片段会被排在后面,左面的片段会被排在前面,右面的片段会被排在后面。如果上面的片段和左面的片段同时存在,上面的片段永远会被排在左面的片段之前。不管什么类型的影视片,其最长的最粗糙的剪辑版都是在顺片过程中产生的。

顺片这一步骤对于提升影视片的剪辑效率非常重要。这是因为,剪辑的核心任务"剪而辑之",也就是打乱原来的顺序,建立新的顺序,而顺片就是建立新顺序的过程。通过故事板来顺片,可以统筹兼顾"顺理而有序"。所有的素材都呈现在剪辑师面前,并以大图标的方式显示素材的内容,剪辑师可以不断调整素材的出现位置和顺序,反复权衡排序的规则、依据和规范,并将这些剪辑思路和创作理念贯穿项目始终。其实,很多人在剪辑影视片时并没有顺片的习惯,而是用三点编辑或四点编辑的方式，从监视器窗口一个一个地将素材插入或覆盖到序列。可能到插入第五段素材时，对第一段素材的内容，已经印象模糊了，也未必能记得清最初剪辑的思路了。这样操作不仅重复拖查、效率低下，也很难做到剪辑思路和创作理念的前后统一。在剪辑影视片的整理和顺片这两个环节偷懒，不但不会提升剪辑的效率，反而还会降低作品的质量，尤其是素材比较多的项目，认真地对待这两个环节非常重要。

3.3.5 粗剪

顺片的环节生成了一个最长、最粗糙的"肥胖"版的时间序列，粗剪就是为它"瘦身"，即把多余的片段剪掉，形成一个略显粗糙但叙事完整的故事。粗剪是将完成度高的镜头和段落，按照先后顺序组合在一起，使影片基本成形、情节完整流畅。在粗剪环节，没有设置精确的片段出入点，还没有处理转场过渡，也没有完成音频混音，更不用说调色、特效和字幕了。与顺片相比，粗剪是将无效的内容剪掉，以表达一个完整的故事或主题，进一步明确影视片叙事的展开方式，以及主要元素的时间节奏。在粗剪完成之后，序列的时间线也不再"臃肿"了。

3.3.6 精剪

精剪是在粗剪的基础上，对每个镜头都进行精细处理、反复修缮，最终形成影视片风格的过程。在粗剪环节，对于只要不是太差劲儿的镜头，剪辑师都尽可能地把它们保留在序列中。到了精剪环节，操作就完全相反了：剪辑师需要对影片细节进行调整，进一步加强和巩固粗剪时确定的结构和节奏。剪辑师要删减与叙事无关、偏离主题的镜头，与表达无关的意象性镜头，过度堆砌的镜头，以及信息冗余的镜头。剪辑师还要删去多余的黑场和夹帧，替换不合适的镜头，并且补全画面缺失的内容。与此同时，剪辑师要通过精确地控制片段的出入点，改变镜头的速度，调整镜头的顺序，进一步强化叙事节奏。精剪不但要巩固和强化影视片的叙事结构和剪辑节奏，保证影视片的视觉流畅性，还要明确前后片段之间的镜头逻辑，适当使用镜头特效和转场过渡效果。这些都将有助于增强剪辑段落的视觉流畅性。

3.3.7 混音

在精剪完成之后，剪辑序列的长度就确定了，片段在序列中的位置和长度也锁定了，此时就可以对音频做进一步的处理了，这个过程称为混音。混音是将人声、音乐和音效在视频中重新合成的过程。

人声有画内人声和画外人声之分。画内人声主要是指人物对白和独白。画外人声主要是指旁白和解说。这些人声都是有实质内容的，没有实质内容的人声则属于音效的范畴，如商贩的叫卖声、路人的嬉笑声、队伍的呼喊声等。在粗剪和精剪时，已经加入了人物的同期对白，但可能还需要到录音棚里重新录制一些人声。视频画面在序列中的位置已经被锁定，这时就可以进行对口型配音了。为了强调节奏，还需要重新调整一些对白的出入点位置，使人声提前或者延后出现，我们称之为捅声或拖声。独白也需要在后期进行录制，因为人物虽然出现在画面中，但他没有说话的动作，也就没有画面的同期声。独白配音比对白配音更灵活，因为独白不需要对照人物的口型。旁白和解说词就更为自由了，完全不用考虑画面中人物或主体的动作或行为，不用对口型，只需要把握好开始和结束的时机，留好话语停顿的间隙。

音效和音乐要完全依赖混音的过程。在拍摄现场，虽然会录制现场音效，但到了混音这一步，大多数现场音效都会被音效库里的声音替换。音效师还会制造一些现场没出现的音效，以此来强化气氛和节奏。将音乐插入音轨以后，还需要调整音乐的电平水平。配乐毕竟是配角，当有人声出现时，就要适当降低音乐的电平，进行音频闪避，避免影响观众对人声的分辨。

3.3.8 调色

过去，人们使用模拟摄像机拍摄，前期处理得好，可以不进行后期调色。现在，人们普遍使用数字摄像机拍摄，以数字文件的方式存储，调色就变成必不可少的环节了。特别是在前期拍摄时，录像是以

.RAW 格式^①存储的，后期必须载入对应的色彩空间，进行调色，否则源素材颜色是灰突突的，根本没法使用。.RAW 格式记录了摄像机感光器的原始数据，后期调色可以还原其丰富的色彩。

严格地说，调色应该包括调光和调色两个过程。

第一个过程是调光，包括调整画面的亮度与对比度，改变画面的色相与饱和度，以及通过曲线和增益，分别对画面亮部、中间调和暗部进行调整。调光虽然可以影响画面的全局，但对不同的亮度区域，影响程度还是有所区别的。这个过程是对基础颜色进行调整，也叫一级校色。

第二个过程才是调色，包括对画面中特定的颜色、特定的区域和特定的对象进行调色。调色只会影响画面的局部，未被选中的颜色、区域和对象的色彩不会被修改，这个过程也叫二级校色。

---

① "RAW"的原义就是"未经加工"。.RAW 格式是未经处理，也未经压缩的格式，是一种记录着摄像机传感器的原始信息，以及由此产生的诸如 ISO 的设置、快门速度、光圈值、白平衡等元数据的文件。我们可以把 .RAW 格式理解为"原始图像编码数据"，或更形象地称之为"数字底片"。

专业的非线编辑软件中都有一级校色的功能模块。现在的拍摄设备几乎都是数字格式的，也普遍支持.RAW 格式，因此几乎都须做一级校色。是否做二级校色，要看输出要求和现实需要，并非所有的影视片都须进行二级校色。二级校色需要专业的设备和专用的调色软件，如 DaVinci Resolve、FilmLight Baselight、Autodesk Lustre 等，在调色完成后，再把调好色的序列发送回非线编辑软件，进行渲染输出。

3.3.9 检查

检查是指在成片输出前做的最后的质量控制，以使其符合播出的广播安全标准。首先，要检查画面的亮度和色度是否在规定的标准范围内，应避免画面亮度和色度溢出。其次，要检查音频是否在规定的标准范围内，应避免音频出现过爆和削峰现象。最后，如果有字幕，要检查字幕位置是否在规定的字幕安全框内，字幕字体、字形、字号和颜色是否符合标准，文字内容表述是否准确规范，应检查并修正文字错误。字幕并不是影视片的标配，是否加字幕，要看具体的任务要求。

3.3.10 输出

现在的视频都要输出为数字格式，因而输出也是对成片再编码的过程。如今是全媒体传播时代，视频的输出要考虑不同的终端设备和形式多样的观看场景。比如，在电影院线、有线电视网、家庭宽带和移动互联网等不同的应用场景中，宽高比、色彩空间、帧尺寸、帧速率、码流等都是不同的。再比如，如果将高清数字电视的色彩空间 YCbCr 709 应用到数字电影的视频中，画面就太亮、太刺眼了，数字电影的色彩空间应该采用 YCbCr DCI-P3。在看电影时，要遮挡自然光，还要关灯，需要把画面亮度调得暗一些，使色彩饱和度低一些；而在看电视时，可以开灯，白天也不用遮挡天光，自然要把画面调得亮一些，使色彩饱和度高一些。这两种应用场景的视频编码是不能混用的。所以，输出就是按照应用场景的要求，选择相应的编码方式，对影视片进行再编码的过程。

第4篇 结构

4.1 叙事主线

叙事主线就是叙述故事的主要线索，是贯穿整个故事始终的主要思路，故事围绕它发展和演进。影视片的叙事主线按照时间顺序、空间顺序和逻辑顺序，推进故事情节发生和发展。时间顺序建立在自然规律基础上，其排列顺序是线性的，具有客观性和不可控性；而空间顺序和逻辑顺序都有一定程度的主观性，其排列顺序是可变的，其组接关系也是脆弱的。因此，叙事主线一般以时间顺序为参照，分为线性叙事结构、非线性叙事结构和反线性叙事结构。

4.1.1 线性叙事

叙事主线像一条线那样，前后紧密相接，顺时而不间断，这就是线性叙事。线性叙事是单线叙事，即影视片的叙事主线按照单一的时间向度，在单一的空间环境下发生、发展和演进，其叙事的特点是时间的历时性和时空的统一性，最常见的就是顺叙的叙事结构。

顺叙也称正叙，就是按照事件发生和发展的先后顺序来进行镜头叙事，将先发生的排在前面，后发生的排在后面，镜头排序讲究"先来后到"的组接方法。用这种方法进行镜头叙事的好处是，结构脉络条理清楚，事件从头到尾，自然贯通，秩序井然。在使用顺叙法剪辑影视片时，必须特别注意镜头的取舍和剪裁，做到详略得当、主次分明。

线性叙事的特征是单线叙事，典型的叙事结构是顺序。那么，倒叙和插叙是不是线性叙事呢？这就要看是如何定义"线性"的了。直线是一条单线，弯曲的线还是不是一条线？很显然，曲线也是一条单线。线性叙事的理想结构是一条直线，但从叙事完整性的角度来看，只要有头有尾，前后有序，皆可视作线性叙事。倒叙仍然是一条叙事线，只不过它从开头加以弯曲（倒叙），而后走入正轨。从影视片的叙事手法上来看，倒叙有明显暗示和相对完整的结构，有从画外音、面部特写转入倒叙等剪辑手法提示，线索分明，也容易被观众接受。倒叙实质上仍属于经典的线性叙事，还是为了更好地服务于顺时性的线性叙事结构。

如果包含倒叙的镜头叙事仍然可以被归为线性叙事结构，那么插叙和闪回呢？其实，插叙与倒叙差不多。倒叙的叙事线是从叙事主线开头加以弯曲，先接倒叙叙事，而后走入正轨，再接顺叙叙事。而插叙的叙事线是在顺叙的叙事主线中间进行弯曲，插入插叙叙事，然后再回到正轨，接顺叙叙事。插叙与倒叙的作用相似，都服务于单一的叙事主线。线性叙事的主要特征就是线性和单线，其中可能含有正叙、倒叙和插叙等几种叙事手段。闪回可就不一样了。它是一种更为灵巧的、完全电影化的叙述手法。闪回的特点是突兀、简短和内心化，本质上是非理性的、非逻辑的叙述手段，这是非线性叙事的重要特征。因此，如果影视片中运用了闪回的叙事手段，基本可以断定其属于非线性叙事。

概括来说，线性叙事是一种经典的叙事手段，它注重故事的完整性、时空的统一性、情节的因果性和叙事的连贯性，是观众喜闻乐见的一种镜头叙事方式。

4.1.2 非线性叙事

线性叙事的基本特征是时间的历时性和时空的统一性，也就是说，在线性叙事结构中，时间必须是连续的，空间必须是单一的，只要有一条不满足，线性叙事就不成立了。而非线性叙事的特征是时间的共时性或空间的并现性，也就是说，在非线性叙事中，时间不是连续的，空间也不是单一的。只要时间是同时的，或者空间是并列的，就肯定是非线性叙事了。

按照叙事主线的数量来划分，非线性叙事分为非线性单线叙事与非线性复线叙事两种情况。

4.1.2.1 非线性单线叙事

非线性单线叙事与线性叙事的区别在于，它在时间上不具备历时性的特征，或者在空间上不具备统一性的特征，但其仍然具有单一叙事的特点，包括使用断裂、省略、闪回、闪前等线索单一且结构并不完整的叙事。闪回和闪前统称闪念，前面介绍心理蒙太奇的章节已经提过，这里不再赘述。而断裂和省略都可以割裂时间或空间的连续性，通过将碎片化的镜头加以组接，达到压缩时间或者桥接空间的目的。之所以这样剪辑，有时是因为时间跨度太长，有时是因为人物活动的空间不连续，为了避免时间线拖沓和冗长，不得不对时空进行压缩。

  影片《阿甘正传》看似讲述的是阿甘的故事，实质上却浓缩了一部美国的现代史。其中一些剧情的叙述需要穿越时空，跨越漫长的历史，这就需要将时间和空间进行断裂和省略，以交代情节但又不至于拖沓和冗长。比如，影片中有一段阿甘和布巴（Bubba）到越南丹·泰勒中尉军营报到的场景。导演在其中加入了一段关于丹中尉家世的介绍，只有一句旁白，"他来自一个军人世家，他家族的人曾经分别参加并牺牲在每一场美国的战争里"。与旁白同步组接的四个镜头都是军人在战场倒下的场景。这四个场景的战场分别对应美国独立战争、美国内战、第一次世界大战和第二次世界大战。这些战争的时间跨度大约是170年，而影片只用了四个镜头、七秒钟的时间，就把丹中尉来自军人世家的背景交代得清清楚楚。我们在介绍逻辑顺序时已经涉及这个细节，这里再次提及，就是要将其放到具体的情境中，让大家理解如此剪辑的现实意义。

这段剪辑运用了现代蒙太奇时间压缩的剪辑手法，同时也隐喻战争和死亡的关系，为后续剧情的发展做了铺垫。

　　有时，之所以采用断裂和省略的剪辑方式，并不是因为时间跨度太长，而是因为人物活动的空间不连续。还以《阿甘正传》中的镜头为例。故事需要展现越南的雨季，为战争的残酷做场景和氛围上的交代。剪辑师选取了六个在雨中行军的镜头，并用旁白将其串起来。旁白是这样的："有一天开始下雨了，然后一直不停地下了四个月。我们经历了各种各样的雨，像小针一样的雨，还有倾盆大雨，从侧面下的雨，有时甚至还有从下往上下的雨，连晚上也下雨。"画面从太阳雨开始，然后依次剪接了小针雨、倾盆大雨、斜雨、反溅雨和夜雨的镜头，并与旁白一一对应。这样，用六个镜头、三十秒的时间，就把四个月里不同环境下的雨中行军全部交代完了。

4.1.2.2　非线性复线平叙

　　非线性复线叙事不是只有一条叙事主线，而是有两条或多条叙事主线，在不同的叙事空间里同时展开。线性叙事的剪辑逻辑是时间的先后，同一时间只有一个叙事空间；非线性复线叙事结构的剪辑逻辑是时空的不同，同一时间不同空间并行叙事，或者不同时间不同空间穿插叙事。

非线性复线叙事要在同一时间表现不同的叙事空间，要同时满足时间的共时性和空间的并现性两个条件，这种瞬时并现的叙事方式叫平叙。平叙就是平行叙述，即叙述同一时间内不同地点所发生的两个及以上的事件。通常是先叙述一个，再叙述一个。平叙能并列表现各条情节线索，并将其统一在一个完整的结构中。这样剪辑有利于缩短过程，丰富剧情，灵活转换时空，还可以把头绪纷繁、错综复杂的事情表现得眉目清楚、有条不紊。

平叙剪辑在表现方式上又分为三种类型。

平行剪辑

平叙剪辑的第一种表现方式是平行剪辑，"花开两朵，各表一枝"，即先表现 A 叙事空间，再表现 B 叙事空间，而且要将两个叙事空间都交代清楚。影片《阿甘正传》中就有两条线索。一条线索描写阿甘的一生。阿甘上大学，参军，然后参加越南战争，最后退伍回乡。另一条线索描写珍妮的一生。珍妮为了追求荣誉，为了出名,狠心离开阿甘,漂泊一生。两个人的生活虽然发生在不同的空间,但是随着镜头的不断切换,他们的人生轨迹呈现为相互关联、相互依托的叙事结构。平行剪辑制造出一种让观众产生联想的情绪和氛围。

平行剪辑的应用十分广泛,必然有其内在的原因。其一,用平行剪辑处理剧情,可以删减过程,有利于概括集中主题,节省篇幅,增加影视片段的信息量,同时增强画面的节奏感。其二,平行剪辑能并列表现两条线索,使二者不但可以互相呼应,相互烘托,形成对比,还可以相互联系,推动促进,彼此刺激,产生强烈的艺术感染力。

交叉剪辑

平叙剪辑的第二种表现方式是交叉剪辑,即时而表现A叙事空间,时而表现B叙事空间,将同一时间、不同空间发生的两条情节线索,迅速而频繁地交替剪接在一起。在这种结构中,一条线索的发展往往影响另一条线索的走向,两条线索相互依存,最后汇合到一起。交叉剪辑把同一时间、不同空间的镜头交叉组接起来,通过两条线索的对比,制造紧张的气氛和强烈的节奏,最终以惊险的戏剧效果来收尾。交叉剪辑的特点是，两条情节线索具有严格的同时性。这样故事才会更加充满悬念，矛盾冲突才会更加尖锐，气氛才会更加紧张，观众情绪才会更加激化，情节的感染力和冲击力才会更加强烈。交叉剪辑是控制观众情绪的有力方法，惊险片、恐怖片和战争片中常用此法，以制造出追逐和惊险的场面。

比如，国产喜剧片《人再囧途之泰囧》(2012)中有一段偷护照的戏。由于王宝没看清高博住在酒店的哪个房间，因此徐朗和王宝才会分头潜入两个疑似的房间，想去偷走高博的护照。这段情节中就使用了交叉剪辑。王宝进入高博的房间是一条线索，徐朗进入老外的房间是另一条线索。两个房间里面的事情是同时发生的，但又是独立发展的。交叉剪辑要突出两条线索的对立。在这里，剪辑师先剪一段王宝的镜头，再接一段徐朗的镜头，依此往复，时间上彼此交叉，内容上相互独立，结果上正反对比。王宝走对了房间，借按摩的机会打晕了高博，还偷走了高博的护照；徐朗走错了房间，被那个老外和"人妖"发现，最终挨了一顿暴揍。将两条线索交叉剪到一起，惊险的情节和喜剧的效果就出来了。

平行剪辑和交叉剪辑都属于平叙，其中都有两条及以上的叙事线索，十分容易混淆。区分两者还得从其内容本身把握。平行剪辑的几条叙事主线之间是相互依托的关系，一条叙事主线的情节发展会推动另一条叙事主线的情节发展。比如前面提到的《阿甘正传》，阿甘的所作所为都与另一条叙事主线——珍妮的故事情节发展有关，阿甘与珍妮的交往及二人分分合合的爱情，意外地成就了阿甘，两条叙事线索谁也离不开谁。而交叉剪辑强调的是不同叙事线索之间的对立，比如进攻与防守、成功与失败、得势与失势等，一条线索的情节发展并不需要另一条线索来推进，各条线索都独立发展，最终交汇到同一时点。就像在《人再囧途之泰囧》中，徐朗和王宝分头潜入两个房间找高博的护照，不管徐朗进入的房间里发生了什么，都不影响王宝进入另一个房间，打晕高博，偷走他的护照。故事的结局是，王宝拿到了护照，还把房间里的人打晕；徐朗没拿到护照，还被房间里的人暴打。两条线索恰好一正一反，两种结局对比十分强烈。

三线对比

平叙剪辑也可以交叉剪辑同时发生的三个场景，但分别表现每个场景的叙事。也就是说，在这一刻，时间流是暂停的，同时表现的三个场景展现了同一瞬间发生的不同行为，叙述的时间顺序就失去了意义，历时性变成了共时性，呈现出了强烈的空间化特征。将同时发生的三个空间场景交叉剪辑在一起，可以通过镜头或场景在内容或形式上的强烈对比，相互冲突，进而表达创作者的某种寓意，或者强化所要表现的内容和思想。内容对比可以是贫与富、苦与乐、生与死、高尚与卑下、胜利与失败等，形式对比可以是景别大小、色彩冷暖、声音强弱、主体动静等。这种对比具有强烈的艺术震撼力，可以鲜明有力地表达创作者的观点和倾向。因此，三线对比应用广泛。

　　影片《辛德勒的名单》中有一段表现了同时发生的三个场景，三条叙事主线被交叉剪辑在一起。主线一是纳粹军官阿蒙·高斯（Amon Goeth）在厨房里殴打女仆海伦·凯丝（Helen Hirsch）。主线二是奥斯卡·辛德勒（Oskar Schindler）与纳粹军官及女伴举办生日派对，听歌女唱歌。主线三是一对犹太新人在纳粹集中营里偷偷举行婚礼。剪辑师把这三个场景不同、氛围迥异的主线交叉剪辑到一起，过渡流畅，节奏紧密，对比冲突强烈，意味深长。

开始镜头是，纳粹军官阿蒙·高斯发现他所爱的女仆海伦·凯丝在厨房里站着，他用手抚摸着海伦的脸颊，这是第一条叙事主线。然后，镜头切到辛德勒的生日聚会，歌女伸手抚摸奥斯卡·辛德勒的脸颊，这是第二条叙事主线。接着，镜头切回主线一，高斯的手从海伦的脸颊滑落到她身体上。镜头再转接主线二，歌女用双手托起辛德勒的脸颊。镜头切回主线一，情绪不断累积和递进，高斯用手指托起海伦的下巴，想要亲吻她。镜头跳回主线二，歌女把辛德勒拥入怀里亲吻，情绪渐入高潮。这时，主线一画面中的情绪发生了转折：高斯突然意识到，海伦是目前正在被囚禁的犹太人，纳粹军官对犹太人表达任何爱慕之情，都是不被容许的，他停止了动作。

然后，镜头切入第三条叙事主线，在纳粹集中营里，一对犹太新人正在偷偷举行婚礼。有人用白布包裹了一个灯泡，准备让新郎踩碎它，以示庆贺。镜头再接主线二，纳粹军官微笑着端起酒杯，向辛德勒致意。镜头转回主线三，犹太新人面对面站着，新娘头上盖着丝巾，新郎兴高采烈地用脚踩碎灯泡。灯泡的破碎声与耳光声组接在一起——镜头切回主线一，高斯开始疯狂地抽打海伦，海伦躲到墙边，鲜血顺着嘴角流了下来，滴到衣服上。镜头切换到主线二，辛德勒正为歌女鼓掌。上一个镜头是殴打，下一个镜头却在鼓掌，此处的镜头对比意味深长。

随后，镜头切回主线三，新娘的母亲拥抱新娘。镜头再接主线一，高斯抓住海伦，把她推到桌旁，继续打耳光。镜头回到主线二，辛德勒亲吻参加聚会的女伴。然后，镜头切回主线三，新娘的母亲亲吻新娘。镜头再切回主线一，高斯继续挥拳殴打海伦。后面的镜头接主线三，新郎的母亲亲吻新郎。镜头又切回主线一，高斯推倒酒柜，酒柜砸向海伦。海伦被酒柜砸中，倒在桌子上。最后，镜头又回到主线二，接辛德勒与女伴亲吻的三个画面。通过高斯越来越疯狂地殴打海伦、辛德勒亲吻女伴，以及新人的母亲亲吻新人的对比，展现了高斯由爱生恨、辛德勒逢场作戏、犹太情侣终成眷属，一组对比蒙太奇诠释了爱的不同深意。

4.1.2.3 非线性复线补叙

非线性复线叙事并不总是表现同一时间不同空间的

叙事，有时会表现为在当前叙事主线中插入不同时间不同空间的叙事，为当前人物或事件的来龙去脉做一些简单的补充交代。这就不是平叙，而是补叙了。

平叙是瞬时并现的叙事方式，事情是发生在同一时间不同叙事空间的。补叙一定不是当前时间发生的事，其叙事空间与当前空间可能是相同的，即用相同的空间关联不同的情节，营造物是人非的氛围；也可能是不同的，但不同的情节在或人或事或物上是存在关联的。补叙都是片段性的，不是复杂的故事情节，只是对主要情节的补充和交代，这是其与插叙的最大不同之处。

先举一个例子。在影片《泰坦尼克号》中，老年露丝和青年露丝之间的时空转换，就是通过将时间不同、空间相同的叙事交替穿插来实现的。它的补叙情节与当前叙事主线发生的时间不同，但发生的空间相同，并与主线叙事情节相互交叉。这段补叙不仅补充了一个重要的情节，即蓝宝石"海洋之心"如何到了露丝的手里，也间接地表达了物是人非的感叹。相同的空间指的是这片海域，这艘叫作泰坦尼克号的沉船；相同的物当然是指那颗叫作"海洋之心"的蓝宝石。老年露丝和青年露丝相貌迥异，岁月弄人，自然是"人非"了。

在这个段落中，镜头先从老年露丝的脸部特写开始，然后是她手上的蓝宝石"海洋之心"的特写镜头，接老年露丝身体前倾、眼睛向下注视的特写镜头。三个特写镜头中断了当前叙事主线的进程，使叙事脱离当前时间的影响，跳出了现实场景。之后是主观视线转场，接青年露丝向上张望的中景镜头，好像青年露丝与老年露丝在隔空对视，时间倒回到八十四年前，露丝刚刚在这里获救时的情景。再往后，接青年露丝从大衣口袋里掏出"海洋之心"的手部特写，青年露丝吃惊地注视着"海洋之心"，显然她并不知道"海洋之心"就在自己身上。最后，接老年露丝的面部特写镜头，此时叙事主线从八十四年前的情节跳回当前的叙事进程。用几个特写镜头，就轻松地实现了时空的穿越，再现了八十四年前的情景，然后结束补叙情节，轻松地跳回了现实场景的叙事进程。补叙经常用于从现实叙事切换到回忆、再现、梦境、幻想等心理空间，可以巧妙地实现景物转换，以补充和丰富原来的叙事。

再举一个时间和空间都不同的补叙案例，即影片

《锦衣卫》的片尾。新镖头乔花带着押镖队伍在中途休息,这是当前的叙事主线,其间穿插了五段时间不相同,空间也不相似的片段。这就意味着,要补充的情节要足够精简,不能平铺直叙、拖沓冗长,否则不仅几个被补充进来的片段串联不起来,而且从补叙切回正叙主线也会变得十分困难。剪辑师巧用乔花的内心独白和画外音,作为补叙的情节交代和场景的穿插过渡。这五段情节分别是:(1)庆亲王的阴谋被揭发,他在被赐死之前先行自尽;(2)皇帝重新上朝,太傅赵审言官复原位;(3)乔永在临终的时候说,正义镖局应坚持办下去,他的酒不是用来活血化瘀,而是助他想起最美好回忆的;(4)大漠判官由一个大盗变成盗亦有道;(5)乔花回忆与青龙在一起时的点滴过往,以及每当摇铜铃,青龙就一定会出现的承诺。然后切回到主线正叙,乔花举起望远镜,眺望远方,远处青龙策马而来。在夕阳的余晖里,他光芒万丈,豪情满天。画面以剪影的形式被定格下来,直至剧终,给观众留下了深刻的印象和无穷无尽的回味。

补叙和插叙虽然都是对主要情节的补充和交代,但它们的用法是不同的。补叙内容通常是中心事件的有机组成部分，也是情节发展的关键之处。没有补叙，故事中就会出现漏洞，令人不解。但一般补叙不会用于推进情节的发展，补叙也只不过是对原来的叙述起到丰富和补充的作用。插叙要表现故事完整的情节和丰富的细节，而补叙大多没有具体的情节，仅有只言片语的描述和概括性的结论，前后片段也不需要用现实的情节作为穿插过渡。补叙的一般套路是先"藏"后"亮"，在前面故意"藏"去若干片段，到后面适当的地方，再把这些片段"亮"出来，让观众恍然大悟。这一"藏"一"亮"，可以形成叙事的波澜，也让观众在惊异与顿悟的情感呈现中感受作品的艺术魅力。

4.1.3 反线性叙事

线性叙事的特征是时间的历时性和时空的统一性，其实质是内在结构的因果逻辑和外在结构的线性叙事，其剪辑逻辑是现实性的事理结构，表现为时空的一致、情节的统一。非线性叙事的特征是时间的共时性和空间的并现性，其实质是模糊了时间的连续性，是对时间的省略、重复和倒退，其剪辑逻辑是非现实的心理结构，表现为时空的混乱、情节的开放。

不管是线性叙事，还是非线性叙事，其共同特点都是建构，都是强化叙事结构，都是丰富故事情节。而反线性叙事则致力于解构，并不推崇叙事，甚至会刻意淡化叙事。反线性叙事就是去故事，去情节，去叙事，去结构，甚至去角色。它并不强调叙事，更多的是表达某种情绪、某种不可言明的心绪或思想。

反线性叙事多为散文化电影、诗化电影、实验电影等艺术电影所采用。这些电影都有一个共同的特征，就是它们并不推崇叙事，而是有意淡化叙事，淡化情节，淡化人物关系，更多的是在表达一种情绪。比如，纪录电影《北京的风很大》（1999）是一部反线性叙事的实验电影，入围第50届柏林国际电影节青年论坛单元，并成为中国实验电影的里程碑之作。该片记录了导演睢安奇对北京街头路人的随机采访。导演手持话筒，身边跟着摄影师，在婚礼现场、居民楼、商店、发廊、美容院、饭店、工地、天安门广场、学校，甚至是公共厕所，睢安奇截住形形色色的路人，突兀地将话筒伸过去，反复向人们询问一个问题："你觉得北京的风大吗？"他把这个问题问了几十遍。对于这个简单的问题，路人的反应迥异：不置可否、"大"或"不大"、反问他们是干吗的、骂他们是神经病、似话痨般瞎扯上半天，等等。雎安奇会因人而改变搭话的内容：如果是一对男女，就问他们幸福不幸福；如果遇到正在吃饭的，就问他们可不可以一起吃；如果是警察，就说"警察叔叔，我捡到一分钱"；等等。最后，雎安奇将镜头对准了一对外地夫妻，他们的孩子患了白血病，因无力医治而可能面临丧子的结局，这一家人在镜头里显得非常无助。

　　导演这么鲁莽而又直接地询问，甚至连在厕所里蹲着的人都不放过，其实并非执着于人们的答案，而只是为了纪录每个人在那个时代、那个场景、那个时机的反应。而这个问题的结论"北京的风很大，大到可以放风筝"，反倒没有那么重要了。面对古怪、戏谑和带着些许讽刺的提问，人们的反应迥然不同：有莫名其妙的，有茫然不知所措的，有不耐烦、不屑的，有恼羞成怒的，有轻松友好开玩笑的，有激动地流泪的……很多人并没有直接回答这个问题，或许回答时的礼貌、抗拒、不解、警惕和戒备就是当时状态下的一种回答。为什么导演要这么"暴力"地纪录？雎安奇的解释是：我不想客观地展示他们，我想做的是对现实的放大。我们看到的很多新闻采访，看上去很柔和很客观，但看那种东西对我来说是一种伤害，那东西中才隐藏着一种暴力。我很反感传统意义上的新闻采访或者纪录片所强调的令人生疑的客观性，我想解构它们，如果说我的问话手段或者方式破坏了一些什么东西，那它肯定也建立了一些东西。而选择这种手段或方式本身对我来说也是一次暴力行为。①

可以说，线性叙事，乃至非线性叙事都在建构，而反线性叙事则致力于解构。反线性叙事不是表达故事和情节，而是表达某种情绪，展示百样人生。著名电影史学家乌尔里希·格雷戈尔（Ulrich Gregor）评价，《北京的风很大》是一部非常实验而又极具文献价值的纪录片。时隔二十多年，现在我们再去看这部影片，会对那个时代北京市民的精气神有更加深刻的认识和领悟。

---

① 参见《底层导演的底层情——访雎安奇》，《科学时报》（2012年复名为《中国科学报》）2003年9月5日。

4.2 情节剪辑

在确定了叙事主线之后,接下来就会涉及在不同场景和具体情境中对人物的表现和剪辑技巧了。这里选取运动、喜剧、惊悚、情色和歌舞几种典型场景和情境,探讨一下在这些典型场景和情境下的剪辑逻辑和操作方法。

4.2.1 运动剪辑

物理学认为,运动是绝对的,静止是相对的。剪辑师却有着独特的理解。他们根据场景中主体与主体之间,以及主体与背景环境之间是否发生明显的位移,来判断镜头是运动的还是静止的。有明显位移的是运动镜头,没有明显位移的就是静止镜头。

运动镜头分为跟随运动镜头和模拟运动镜头两种形式。跟随运动镜头是有依托的运动,除了背景环境在变化,人物在镜头中基本保持不动,观众也不容易察觉。模拟运动镜头则是模拟剧中人物的主观视角,以剧中人物看到的景物位移变化来表现运动,观众可以身临其境地体验剧中人物强烈的视觉感受。我们在剪辑中常常要交替使用跟随运动镜头和模拟运动镜头两种形式。当然，要结合具体情况使用，并灵活处理运动镜头的节奏和组接。

4.2.1.1 运动的连续

运动镜头是由一系列不同景别、不同方向、不同角度、瞬间变化的动作片段重新组接而成的。为了保证被摄主体的自身运动、摄像机的主观运动以及画面组接造成的主体运动之间的内在协调，寻找主体动作的最佳剪接点是剪辑成功的关键。为了保证主体动作的连贯，应将最佳剪接点选在动作变换的瞬间转折处，或者在动作过程之中。我们将最佳剪接点选在动作变换瞬间转折处的，称为"静接静"；选在动作过程之中的，称为"动接动"。"静接静"和"动接动"是运动镜头接动作的基本原则，是主体动作连贯的基本保证，如果随意剪接，就会让主体动作产生跳跃感。下面分别介绍一下是如何实现"静接静"和"动接动"的。

"静接静"是指一个动作结束后的场景，接下一个动作开始前的场景，或者前后镜头均为静止场景。"静接静"是在视觉上没有明显动感变化的镜头之间的切换，是一种常见的镜头组接方法，多用于静止镜头之间以及场景段落的转换处。"静接静"注重的是镜头的连贯性，而不是运动的连续性。这里，我们只说对运动镜头的剪辑，不包括对静止镜头的剪辑，这并不是内容编排上的疏漏。其实，静止镜头与静止镜头之间的剪辑就是"静接静"，关于对静止镜头的剪辑，前面的各个章节里已经说得很多，这里就不再赘述了。

"动接动"是指对两个镜头画面中的主体都带有明显动作或运动的镜头切换方式。"动接动"是将两个不同景别或不同角度的镜头连接在一起，用以表现一个动作。比如，一个摇摄镜头接另一个摇摄镜头，或者一个人逃跑的镜头接另一个人追逐的镜头。"动接动"要以人物的形体动作为基础，以剧情内容和人物行为为依据，并结合实际生活中人体的活动规律来处理。

"静接静"比较容易，只要是画面主体相对静止的两个镜头，就都可以直接剪接在一起。"动接动"就没有那么随便了，不同的运动镜头虽然可以直接被剪接在一起，但要受到前后画面中主体的动作和方向的连贯性制约。运动镜头的衔接要尽量符合真实的生活场景，避免产生突兀感。此外，前后镜头中主体的运动速度和运动方向要尽量一致，人物出入画的方向也要一致，这样观众才能觉得运动主体持续在向一个方向移动。

对于运动方向一致的或相近的两个运动镜头，可以去掉前一镜头的落幅和后一镜头的起幅，直接进行组接。如果要表现两个运动主体间的对立、呼应、迎面奔跑等关系，可以把两个运动方向相反的镜头剪接在一起，此时要保留前一镜头的落幅与后一镜头的起幅。

4.2.1.2 运动的转折

"静接静"或者"动接动"只是指画面主体的持续状态，即保持静止或者延续运动。那么，如何剪辑运动初始和运动结束的镜头呢？运动初始就是"静接动"，运动结束就是"动接静"。

"静接动"是指将静止镜头与运动镜头剪接在一起。上一个镜头的静突然接下一个镜头的动，这种节奏的突变是对剧情的一种推动。前一个镜头中的人物外在状态是安静的，但人物内心却在激烈地斗争，要以人物内在情绪变化为依据，按照前后两个镜头在情绪上的一致性来剪接镜头。

剪辑在"静接动"时，前一个镜头中画面主体是静态的，后一个镜头中画面主体即将开始运动，应将其动作剪接点选在后一个镜头中的主体运动将动而未动处，或一轮运动间歇且新一轮运动未开始处。为了表现前后镜头的呼应关系，当运动镜头以跟或移的形式拍摄时，往往要去掉运动镜头剪接点附近的起幅和落幅；当运动镜头以推、拉、摇等形式拍摄时，就要保留运动镜头剪接点附近的起幅和落幅。这是为了说明后面的运动从何而来，连续和流畅的剪辑才能让观众理解。

"动接静"是指运动镜头后面紧跟着静止镜头，是运动镜头剪接中的特殊规律。在"动接静"中，前一个镜头的动感十分明显，后面接一个静态的镜头，这会造成在视觉上和节奏上突然停顿的感觉。但这种动静相接是为了强调前后场景在情绪和气氛上的强烈对比，是对情绪和节奏的变格处理，观众可以在静中感受运动节奏、玩味运动的延伸。"动接静"还可以让观众感受从剧烈运动到骤停的突变，感受只由单纯动感的画面无法创造出来的带有强烈内部张力的情感韵律。这种情境下的剪辑更多要依据情绪剪接点来进行。情绪剪接点的选择要以人物的心理活动为基础，以人物在不同情境中的情绪表达为依据,还要结合镜头的造型特征。

在剪辑"动接静"时,同一画面主体的运动镜头与静止镜头相接,其剪接点就在前一镜头中画面主体的运动间歇点或终止点处。运动终止点很容易找到,而运动间歇点在视觉上不容易判断。平时看起来很流畅的动作,其实在动作过程中都会有相对的停顿。我们在逐帧观看时就会发现,有几帧画面是相对静止的,这里通常就是我们要选择的剪接点。比如,篮球飞向高空然后落下,那么篮球上升到最高点的瞬间是静止的,这个最高点就是运动间歇点。用心找,运动镜头中其实有很多这样的间歇点。

一段运动镜头中可能有很多的运动剪接点,那么哪个才是最佳剪接点呢?这个剪接点应该在动作幅度最大或者速度最快的位置,这是确定最佳剪接点的第一条原则。动作幅度越大、速度越快,对人的视觉冲击力就越大,观众就越不容易区分画面的变化,这样的剪辑会显得天衣无缝。我们用双机位拍摄,或者在不同机位上拍摄多次,就是为了拍摄出动作相同,但景别和角度不同的多个镜头,这样便于选择合适的剪接点。确定最佳剪接点的另一条原则是，它要处在能最大限度地满足观众期望值的那个位置。这个剪接点以观众的心理活动和内在情绪的起伏为依据，结合镜头的造型特点来连接镜头，目的是激发观众的情绪表现。

运动间歇点的静止帧可能会持续很长时间，也可能只有一两帧，我们只须把它们留在前一个镜头中，在后面接不同景别或角度的镜头就可以了。如果接的是运动镜头，就从动起来的那帧启用片段，这就是"动接动"。如果"动接静"，因为前一镜头中最后面的几帧是静态的，有了这个由动到静的缓冲，后面的镜头剪接也不会产生跳接。

总之，在动静转换中进行两组镜头剪接时，应该在中间插入一个缓冲镜头，即能体现画面主体由动到静或由静到动的变化过程的镜头。"静接动"要给出运动镜头的起幅，"动接静"要给出运动镜头的落幅。那么，如何确定运动镜头的起幅和落幅的时长呢？这要视运动镜头的景别而定。远景系列镜头的动作幅度比较小，观众需要较长时间去感受，其运动部分的画面约占总时长的三分之二。近景系列镜头的动作幅度比较大，其运动部分的画面时长可以少一些，占到总时长的三分之一就可以了。

4.2.1.3 运动的交叉

一个完整的动作通常不是由一个连贯的镜头完成的，而是要先分解动作，再将其组合起来，这就用到了运动镜头的交叉剪辑。交叉剪辑是指将几个既相互连贯又有瞬间变化的运动镜头进行剪接，也是动作电影中常见的剪辑方法。

交叉剪辑可以让动作场景的空间更大，把矛盾冲突表现得更为激烈。比如，上一段是追的场景，下一段接逃的场景，就能更加巧妙地反映出双方追逐的优劣态势。频繁地交叉剪辑，再结合运动主体主客观视角的改变，还能给观众带来更加丰富和多样的视觉感受。为了把整个段落情节明晰地展示给观众，运动镜头的交叉剪辑必须具有很强的连续性，并且要以不打乱视觉的连续性为前提。

反应镜头通常是一种旁观者的静态形象。可以在交叉剪辑中插入一些旁观者的反应镜头，从而缩短动作镜头的时间间隔，产生强烈的动静对比，同时还能起到增强动作效果的作用。插入反应镜头的另一个好处是，可以引导观众做出近似的反应。反应镜头能影响观众的感性反应，镜头中人物的表情、神态和肢体语言是对观众的一种心理暗示，可以引导观众也产生类似的情绪反应，比如窃笑、紧张、惊愕等。

交叉剪辑是将两个在时间上平行发生的动作剪接在一起。比如，一段追的场景，后面接一段逃的场景，将同时发生的平行动作剪接起来，不但可以避免观众产生空间上的混乱感，还能增强镜头的刺激性。剪辑师可以按照自己的意图，通过交叉剪辑不断地变换剪辑节奏，进而达到控制剧情张弛变化的目的。如果将动作镜头剪得短而快，就能获得更强的刺激效果；再结合片段长短对比的改变，更能反映出双方精神状态的张弛变化。在这里或者那里加长一些，呈现的是追者或者逃者在态势上的优劣处境。视频节奏的不断变化本身就可以增强环境的紧张感，加上观众注意力中心不断改变，显得动作更快。即使速度不太快的场景，也可以采用多样化的视角，剪接出连续运动的心理感觉。

4.2.1.4 运动的节奏

运动镜头剪辑产生的节奏感是以运动和情绪为依

据，在时间和空间的配合下，选取适当的镜头，与各种因素配合的结果。在时间上，可以通过控制前后片段的时长来影响观众的情绪，进而达到控制观众情绪张弛的目的。如果需要表达愤怒的情绪，我们就加快剪辑的节奏，在下一个镜头中少用几帧画面，依此类推，一组镜头剪辑下来，就可能达到情绪越来越紧张的效果。反之亦然，如果需要表达舒缓的情绪，我们就减慢剪辑的节奏，延长镜头持续的时间。

一般来说，镜头短、画面转换快，能引起急迫感和紧张感；镜头长、画面转换慢，可导致迟缓感或压抑感。因此，运动镜头长短交替、画面转换快慢结合，就会造成观众心理和情绪的起伏。利用这一点，在剪辑中控制画面的持续时间、把握画面转换的节奏，就可以达到控制观众的情绪、取得预期的艺术效果的目的。当然，镜头的长短、画面转换的快慢，还要以不超越观众对其内容含义的理解为限度，否则就会造成混乱。

"音乐无他，张弛而已。"控制剪辑节奏有如音乐之张弛有度，所以剪辑节奏也称剪辑调子。剪辑调子要表现出影片情节或情绪，使影片起伏张弛有致。影片中一个段落的剪辑调子是按镜头的数目来计算的，专业术语叫作"剪接率"。剪接率是指在一定时间内镜头切换的次数。在一个剪辑段落里，如果每一个镜头都比较短，镜头切换次数多，画面节奏快，就称其为剪接率高或快调剪辑；如果每一个镜头都比较长，镜头切换次数少，画面节奏慢，就称其为剪接率低或慢调剪辑。如果逐步地镜头由短变长，节奏由快变慢，就叫作剪接率减速；反之则是剪接率加速。

通过对镜头长度的把握来控制画面的剪辑节奏是一种控制观众情绪的有效方法。如果再让动作呈现出有节奏的重复，就可以制造出一种更加鲜明的视觉感受。重复能打破观众固有的心理节奏，增强其心理活动，还能通过不断地刺激观众的感官，营造出一种单一画面无法带来的新鲜感。这是另一种通过时间来控制剪辑节奏的方法。

节奏感取决于观众的内心感受，是非常主观的东西。剪接率变化是影响观众心理节奏感的主要因素，但不是唯一的因素。片段时长比较直观，容易被量化和操作，所以剪辑师用快速剪接就能制造出既紧张又激动人心的动作镜头。但那只是一种表象，就像很多教科书将剪接率等同于节奏控制一样肤浅。事实上，剪接率只是从时间上影响节奏感的一种手段，画面的空间构成同样也会影响节奏感。我们必须十分注重镜头包含的内容、景别传递的信息、画面内部的运动，以及来自听觉系统的动效等，这些因素都会影响观众的心理节奏感。

如果在画面中，运动主体不同，但其运动方式或方向有规律、有秩序，在镜头表现上就可以这样处理：让不同主体的运动趋向一致，使整个剪辑充满运动的动势，产生整齐划一的节奏感。像阅兵时的分列式、行进中的车队和天空中迁徙的候鸟等，都能剪辑出极具节奏感的画面。在迪士尼动画影片《白雪公主和七个小矮人》（1937）中，七个小矮人从宝石山回家途中的画面剪辑，就将这种行进中的节奏感表现得淋漓尽致。

即使画面中的运动杂乱无章，各运动主体没有统一的运动方向和规律，只要使其产生一种运动的爆发力，同样可以剪辑出气氛活跃和情绪强烈的作品。不同的是，这样产生的节奏感是从紧张到爆发，再逐渐恢复松弛。这个过程突破了观众内心固有的平顺、规律的节奏感：起初毫无征兆，突然迸发，使人心惊肉跳。

这是一种控制画面节奏的艺术，需要借助景别的调动、画面内部运动的蓄势，以及音效的配合。心理张力的爆发源自镜头的突变，可以通过两极景别的镜头组接，展现爆发前画面内部运动的蓄势。比如，从远景直接切到特写，再从特写切回远景。一个回合切换下来，已经做足了"势"，剩下的就是给一个动机，只要让它"动"起来，画面的力量感就爆发出来了。前文在介绍镜头组接时举的例子，即影片《金陵十三钗》中，李教官战死前用狙击步枪射击手榴弹，炸死日军的段落，用的就是这种剪辑方法。

4.2.2 喜剧剪辑

喜剧是一种戏剧类型，其手法夸张，结构巧妙，台词诙谐，通过对喜剧人物性格的刻画，引发人们对丑陋和滑稽的嘲笑，对美好人生和追逐理想的肯定。喜剧的内容通常带有讽刺及政治机智或才智的社会批判，或为纯粹的闹剧和滑稽剧。在喜剧中，主人公一般以滑稽幽默、对旁人无害的丑陋或怪僻形象，表现生活中或丑或美或悲的一面；冲突的解决方式一般比较轻快，往往以代表进步力量的主人公获得胜利或如愿以偿为结局。

喜剧的艺术特征是寓庄于谐。"庄"是指喜剧的主题所体现的深刻社会内容。"谐"则是指主题思想的表现形式是诙谐可笑的。在喜剧中，"庄"与"谐"处于辩证统一的状态。失去了深刻的主题思想，喜剧就失去了灵魂。但是，没有诙谐可笑的形式，喜剧也不能成为真正的喜剧。因此，喜剧对丑陋的批判总是间接而又意味隽永的，往往要调用审美主体的积极情感去抨击丑陋事物，在嘲笑中显出正义的力量，达到批判的效果。

在严肃影片中，导演都竭力将故事情节交代得有根有据，脉络分明，把假戏演成真戏才是正片演技的最高境界。喜剧片却刚好相反，其情节安排往往荒唐得滑稽，歪曲得可笑。剪辑师在剪辑喜剧片时，出于对滑稽和可笑的追求，往往无视现实，甚至置生活常识于不顾，目的就是从画面中尽其所能地榨取幽默。比如姜文导演的《让子弹飞》。其中，劫火车的那场戏是，麻匪策马下山，用枪托把斧头楔入铁轨的缝隙，疾驰的火车撞上铁轨缝隙中的斧头，车厢飞到半空中，然后落入河里。木质的枪托能把斧头楔入铁轨的缝隙吗？火车车厢能飞到半空中吗？显然不能。接着，买官的县长在吃火锅时翻车，然后落到了河里，被麻匪抓住时，他像只落汤鸡一样泡在水里。这些镜头的设计显然悖于常理，但在喜剧中就可以这样处理。因为只有处理得这样夸张，观众才会觉得好笑，才喜欢看。

对喜剧片来说，流畅性重要吗？如果是严肃影片，剪辑表现就要力求流畅连贯；如果是喜剧片，不连贯的剪辑，断断续续的组接，以及歪曲现实的表现手法，仍然会取得成功。在喜剧片中，剪辑师并不是为了让观众相信什么，他要传达的就是搞笑。对喜剧片而言，表现的流畅远远不如节奏的流畅更为重要。

喜剧有点像相声，节奏感非常重要。相声中没有鼓板伴奏，看起来好像没有节奏，其实不然，演员无论说什么哏，都是有节奏的。相声以气口为节奏，气口均匀，观众才觉得顺耳、爱听。气口不匀，说得快了，使观众心忙；说得慢了，让观众憋气。只有气口均匀，如断线珍珠、珠落玉盘，观众才能叫好。喜剧的剪辑也遵循这个逻辑。相比于动作片的剪辑，喜剧的剪辑对节奏控制的要求还要更高一些。剪辑师不但要赋予动作适当的节奏感，还要估计出观众对笑点反应的时间，以免出现类似相声中的心忙或者截气的问题。必须用心计算两个笑话之间的空当儿，如果第一个笑话让观众笑的时间很长，留空不当，那么观众可能就听不到第二个笑话了。

除了控制节奏，笑点的先后顺序对喜剧效果来说也很重要。喜剧好比笑话，笑话的最后一句才是点睛之笔，即"包袱"。"包袱"是指具有强烈喜剧效果的段子。如果"包袱"可以产生炸雷般的现场效果，则被形象地称为"雷子"。安排笑点的先后顺序就是要明确"包袱"和"雷子"，谁排在前，谁跟在后。剪辑师为了控制观众的情绪，要先在前面放几个"雷子"，让观众的情绪不断地积累，达到几乎失控的程度，然后找个突破口，让他们发泄出来，就能达到捧腹大笑的视听效果。在一连串的捧腹大笑之后，观众几乎到了歇斯底里的程度，就像山洪暴发一样，泥沙俱下而不可收拾，这时即使接上一个不太好笑的"包袱"，也会受到欢迎。但是，如果反过来组接，把不太好笑的情节放在前面，就无法充分地调动观众的情绪，观众也达不到失控、忘我的程度，就容易出现冷场。

那么，剪辑师如何营造喜剧气氛呢？请记住一句经典的喜剧格言："告诉观众你将要做什么，做完之后，再告诉他们你已经做完了。"[①]乍一看，好像不知所云，下面举个例子说明一下。比如，恶作剧桥段的典型场景是，一个人在前面跑，后面有人在追。地上有一块香蕉皮。在前面跑的人慌不择路，并没有看到香蕉皮，然后踩上香蕉皮，摔得四脚朝天，观众都被逗笑了。这种剪辑的诀窍在于，事先要让观众知道地上有香蕉皮，踩上香蕉皮就会摔倒，而前面跑的人却对此一无所知。观众就眼看着他傻傻地落入窘境，就像是自己事先设计好了的一样，最后自己也被这个人逗笑了。这时，回头再去看前面的喜剧格言，就不难理解是什么意思了。这一经典的喜剧格言中有两个要点：一是观众要先于剧中人物知道将要发生什么，并看着他就范；二是剧中人物的结局要滑稽有趣。如果能让他局促不安或者失去尊严，往往就能戳中观众的笑点，比如让一个人受到伤害或者当众"丢人"。这时，光靠剧

[①]〔英〕卡雷尔·赖兹、〔英〕盖文·米勒编著：《电影剪辑技巧》，郭建中、黄海等译，中国电影出版社 2008 年版，第 87 页。

中人物的动作表演就已经滑稽可笑，再加上那些窘态，更会引发观众大笑了。

有时候，反其道而行之也会取得同样的效果。反其道而行之就是，让观众以为将要发生什么，但并没有发生，结局越出乎意料，就越滑稽有趣。这个模式就是，本在意料之中，结果却出人意料，成了笑话。在影片《人再囧途之泰囧》中，王宝和徐朗要从酒店里偷走高博的护照。王宝和高博打了个照面，高博却因眼上贴着美容的黄瓜片，没认出他来，以为王宝是酒店的按摩师，取精油回来了。徐朗进错了房间，躲在床下听老外和"人妖"嬉笑打闹，想趁他们去洗澡时赶紧爬到门口逃走，结果却被他们堵住了去路。两者的好笑之处都在于出乎意料：王宝本该被发现，却没被认出来，还假扮按摩师把高博打晕了；徐朗原本能逃出去，却被堵在门口，结果挨了一顿暴揍。这种与观众预期相反的结果，反而十分好笑。

另外，重复的挫折也能增强这种幽默感，就好比一个人总想达到目的，却总接二连三地失败一样。这种重复某个笑话的方法是喜剧剪辑中的惯用手法。同一段喜剧剪辑，以完全相同的顺序再重复表现一次，第二段会引起更大的笑声。如果第一段剪辑可笑，第二段的重复剪辑也会可笑，因为第二段会让被捉弄的人显得更加愚蠢，观众的笑也会更加强烈。要注意的是，第二段是重复剪辑，要做一些小变化，以避免在视觉上产生重放的感觉。如果不得不用之前那些场景，可以尝试将镜头剪得更短，因为第二段并没有向观众展示新的信息。

总之，喜感最普遍的情况就是拿剧中人物"开涮"，由此产生幽默感，当然这种幽默感是建立在夸张的肢体或者情感特征基础上的。当剧中人物陷入窘境或者丢尽颜面时，观众才会忍俊不禁。

4.2.3 惊悚剪辑

喜剧片段的剪辑逻辑是，对于下一幕即将发生什么，导演知道，观众也知道，只有剧中人物毫不知情，然后在观众的注视下，他一步一步地就范，落入滑稽的窘境，最终把大家逗乐了。惊悚片段与喜剧片段的剪辑逻辑正好相反：对于下一幕即将发生什么，剧中人物不知道，观众也不知道，只有导演知道。要营造紧张而焦虑的气氛，明示或者暗示威胁的存在，但又不能让观众知道即将发生什么，剧中人物也不知道该如何应对接下来的状况，除了导演，谁都无法预测即将面对的威胁，这就是惊悚片段的剪辑逻辑。

恐惧的根源很简单，就是未知，对未来害怕，不知道未来会如何，甚至因预见到未来必然的悲惨走向而害怕。恐惧，本质上是对未来的不可预见性做出的一种本能的反应，其根源在于认知的匮乏。假若一个人无所不知，可以洞悉一切、看透万物，直达本质，那么他就不会对任何事物产生恐惧。所以，要想让观众感到恐惧，就不能让观众知道得太多，绝对不能有似曾相识的感觉。这就是惊悚片段的剪辑要领。

剧情须陷入某种不可预知的境地，不仅周遭都是不可预见的威胁，而且谁也无法预测接下来的发展态势。观众就像围坐在篝火旁听巫师讲鬼故事。屏幕是那堆篝火，观众围坐一圈，好似处在梦境中，在黑暗中体味陌生人的心境。好多惊悚片都被归入"黑暗电影"的范畴，因为黑暗能遮蔽、隐藏很多确切的东西，让人陷入不可知的境遇。黑暗能隐藏很多细节，掩盖种种未知的风险，孕育各种可能。所以，很多惊悚片中的画面常常被处理成曝光不足的效果。从技术上讲，这非常容易做到，只要降低画面的亮度，调低画面的透明度，画面就会丢失很多细节。细节的缺失会使剧中人物和观众都失去安全感，而不安正是恐惧的基本表现。

　　黑暗风格并非一成不变。黑暗表现的威胁总是不太明确。在有的影片中，会采用一明一灭的表现方式，先让灯光射进来，照亮危机四伏的环境，然后再把灯光熄灭，让人看不清黑暗中危机的发展和变化。有时就像警报灯一样，在黑暗中一明一灭，剧中人物能够感受到种种威胁，但又不能看得清楚确切，况且警报本身就有强调危险的意味。这些都会给观众留下想象空间，让他们去揣测即将到来的危险。剪辑师的目的就是让观众自己吓唬自己。

　　黑暗可以掩盖细节，画面曝光过度还可能丢失一些细节信息。有的惊悚画面会被处理成泛白的炫光，这种明显亮度溢出的画面并非技术故障，而是剪辑师故意为之，目的就是让强烈的炫光晃得观众看不清眼前的景物，如同坠入云雾一样，飘忽不定。观众看不清白光中的事物细节和周遭环境，也就失去了对空间方位的判断能力，进入一种失重般的状态，不上不下，不能自拔。如果镜头以主观视点呈现，观众就有一种强烈的被束缚、被操控，又无力摆脱的恐惧感。

用过强或过弱的光线来掩盖存在的威胁，固然强化了周遭环境的恐怖气氛，使观众在心理上感到更加紧张和焦虑，但这不是惊悚剪辑中唯一的法宝。恐惧产生的根源在于不确定的威胁，它使人不能明察秋毫，不能有所准备。不仅光线会影响人们对事物的辨识度，而且物体的运动速度也会影响人们的判断。如果观众隐约能看到，却又看不清楚，无法调整心理状态以适应突如其来的变化，内心的恐慌就会加剧。比如，身后快速闪过的人影，夜晚擦肩飞过的蝙蝠，幽暗的林荫路上突然窜出的一只黑猫或老鼠，都会让人毛骨悚然。所以，对看得见的恐惧，必须采用快速剪辑的手法，宁短勿长，宁少勿多，不能拖泥带水，绝对不能给观众留出认知理解和心理调适的时间。

恐惧来自周遭环境的不确定性，更来自观众内心对威胁的想象，凡是能刺激观众内心恐惧感的技术手段，都可以用于营造恐怖气氛。假设剧中人物能看到来自画外的危险信息，观众却看不到，只能通过剧中人物的表情猜测。这时，不确定的威胁就是观众臆想出来的，来自观众对剧中人物表情的解读，它并没有出现在画面里。因此，这里的剪辑节奏要非常慢，要让观众看清剧中人物的表情扭曲和夸张得不合常理之处，要让动作缓慢、迟钝和小心翼翼，营造出令人窒息的恐怖气氛，目的就是让观众在这种氛围里有足够的时间去想象，揣测即将发生的危险。

危险也不一定非得通过人物的表情表现出来，借助动物的异常反应，也能起到类似的效果。如果观众看到马不安地又摇头又点头，不断地打响鼻，不停地刨蹄子，应该就能意识到，马看到了什么危险的东西，是在提醒主人。此时，观众心里也会不安，神经绷得紧紧的。然后，危险终于出现在了画面里，新知和陈念叠加在一起，危险就变得更加令人心惊肉跳。

声音是营造恐怖气氛不可或缺的手段。比如，夜晚猫头鹰高亢的尖叫，老鼠跑动的窸窸窣窣声，门窗吱吱扭扭的乱响，风吹建筑物或者树木发出奇怪的啸叫，等等。此时，音轨的剪辑要力求安静，切忌混入配乐，因为配乐会削弱观众对恐惧或悲伤的感知。但我们可以在音轨上混入一些现实情况中可能出现的拟音。在空旷而封闭的空间里水滴的回响，人像牛一般地喘息或者"咚咚"的心跳，鞋子与地面的摩擦，诸如此类。这些音效要尽可能夸张，来衬托场景中不合常理的安静，同时暗示黑暗中的危机四伏。

4.2.4 情色剪辑

《孟子·告子上》曰："食色，性也。"《礼记》也曰："饮食男女，人之大欲存焉。"饮食和性欲都是人类最基本的欲望，超越种族、宗教和修养，自然而然地存在。影片里出现情色场景一点也不奇怪，它可以对故事情节的发展和人物关系的转变，起到至关重要的推进作用，也是商业电影惯常使用的表现手法。但要想把情色片段剪辑得人人都能看懂，都能接受，其实并不容易。剪辑师要用一种非私人化的手法，表现一种最私人化的体验，而且能激发性欲的东西因人而异，每个人能接受的尺度也不尽相同，挑战的难度可想而知。我们单独把这类剪辑拿出来讨论，就是要总结出一些讨巧的方法，让剪辑师可以轻松地完成工作。

影视作品中没有第二人称，剪辑师在工作时也不知道观众是谁，他们有着怎样的心理状态和性格特征。况且，观众也在不断地变化，不同地域的观众有着不同的特点。即使是对于同一个观众，他在不同的年龄阶段对事物接受和理解的程度也不一样。剪辑师不可能迎合每一个人。男人或是女人，年轻人或是老年人，每个人的内心想法都不一样。绝大多数国家的法规对真实而又直接表现的色情镜头，都是禁止或者限制播放的。而男欢女爱又是现实生活的一部分，对于绝大多数成人而言，不是可有可无或者无关紧要的。这就要求，剪辑师对情色场景的处理要尽可能地避免真实而又直接的展示，而要通过镜头的暗示去激发观众内心的想象。这样才能既取得最强烈的效果，又不至于触及公开播放的禁忌。

可能与很多人想象的正好相反，情色片段不需要过多地展示裸露的身体，也不需要展示性爱的过程，因为这些镜头都不是重点。重点是，通过选取恰当的镜头去暗示人物关系的发展和故事情节的变化，同时给观众带来感官上的刺激。通常，展示的越少，暗示的就越多，所产生的情欲效果也就越强。暗示比明示更占优势。暗示通过寥寥数个镜头，就能激发观众的想象，观众通过想象构建出来的情节一定能满足其心理期望。明示只是如实地记录和全面地展示细节过程，而如实展示未必适合每位观众，甚至会引起一部分观众的反感。与其揣度观众所能接受的尺度，还不如让观众按照自己的喜好去想象。

通常，情色情节的处理方式是，前戏要充分暗示，无论是狂野粗暴的，还是温柔浪漫的，暗示和刺激才是重点，正戏都是一带而过。正戏只要清楚地表达出主角在一起了即可，点到为止，最后以淡出的方式结束。这就是情色片段剪辑的基本逻辑和套路。

4.2.5 歌舞剪辑

传统歌舞片是音乐和影像的结合，故事情节是演唱出来的。歌舞片在 20 世纪 30 年代开始盛行，并且在 30—40 年代成为流行时尚，像我们熟知的影片《绿野仙踪》(1939)，就是当时的代表作品。到了 50—60 年代，歌舞片到达辉煌的巅峰，诞生了不少经典，比如久负盛名的《音乐之声》(1965)。70 年代之后，歌舞片开始萎缩，尤其是 90 年代以后，科幻片、动作片、灾难片和恐怖片等轮番上阵，往昔"歌舞升平"的时代渐行渐远。

早期歌舞片多为轻松优美和娱乐性强的舞台艺术片，突出表演在歌唱、舞蹈和音乐方面的艺术成就，故事情节基本都比较简单。歌舞片中的主角就是歌舞表演者，表演本身就是在叙事。角色要通过语言、音乐和动作，以及固定的演绎，把这些情感传达给观众，所以早期歌舞片的剧场痕迹特别重。早期歌舞片用歌舞表演来叙事，而电影则不同。电影坚持严谨的写实主义，强调运用实景拍摄和镜头剪接来表现剧情，这是其与早期歌舞片最大的不同之处。比如，在音乐剧中，时空可以被压缩或放大，在一首歌曲的过程中，男女主角就可以由相识到坠入爱河；对于遵循写实主义的电影来说，是不允许这样剪辑的。两者在表现形式与发展趋势方面的鸿沟，也越来越难以弥合。

20世纪90年代之后，歌舞片并没有彻底消失，而变成了另一种新的形式。现代歌舞片段中的表演者不再是专业的歌舞演员，而是时下炙手可热的歌手，影片就是为了向观众展示他们的明星风采。比如1992年上映的美国影片《保镖》，其电影情节不过是英雄救美的俗套故事，人们之所以能记住它，大多是因为那首片尾曲《我会永远爱你》（*I will Always Love You*），其演唱者就是剧中饰演女主角的著名歌手惠特妮·休斯顿（Whitney Houston）。由此可见，歌舞片的总趋势是叙事性变弱，表演性变强。

歌舞片的另一个重要分支——动画片，至今仍然保持着旺盛的生命力。特别是，3D动画电影这种新的电影形式给歌舞片重新注入了青春活力。3D动画确实能克服真人表演的许多不足，让音乐的节奏、舞蹈的美感和演员造型的视觉形象焕发出浑然天成的特殊魔力。最佳代表作就是华特·迪士尼的动画电影。2013年是迪士尼电影公司成立90周年，公司推出了3D动画电影《冰雪奇缘》作为纪念。2014年，该片获得了第71届美国电影电视金球奖、第41届安妮奖、第86届奥斯卡金像奖等多个奖项；主题曲《随它吧》（*Let It Go*）斩获第86届奥斯卡最佳原创歌曲奖。其电影原声带专辑成为继《泰坦尼克号》之后销量最火爆的原声专辑。

歌舞片段剪辑的惯常手法是蒙太奇段落剪辑。用蒙太奇手法剪辑歌舞片段，有着天然的优势。因为现代歌舞片段以音乐为主要表现形式，是舞伴歌，不是歌伴舞，所以在剪辑中不必追求舞蹈动作的连续性。画面不连续，甚至出现跳接，并不妨碍蒙太奇段落剪辑，因为音乐伴奏可以桥接不连贯的蒙太奇段落，使之看起来是一个联合的整体。当从一个段落转入另一个段落时，假如听到的是流畅连续的音乐，观众就很容易把两个段落联系起来，产生过渡自然的感觉。所以歌舞片段的剪辑技巧是，运用一条连贯的音轨，组接一系列互不连续的镜头形象，使之产生流畅发展的效果。

歌舞片段的剪辑要点是节奏感，也就是说，画面与音乐必须紧密配合，画面要追随音乐的节奏走。尽管歌舞段落中的画面从属于音乐，但也不能随意剪辑，因为画面须严格配合音乐的时点，比如演唱者的口型要与音乐的唱词相对应。按照常规方法剪辑，似乎不容易做到。困难在于，音乐的节奏点很难对应上动作或者口型，对应不上就会产生声画不对位、动作不给力的感觉。对此，我们可以采用反向时序剪辑，这样动作或者口型对应上音乐就完全不费力了。

反向时序剪辑也称逆序剪辑，它的剪辑逻辑依据是音乐，而不是画面，因此在剪辑时不能破坏音乐的完整性。所以在序列时间线上，要依据音乐的节奏点来打标记，让每个标记都落在音乐的节奏点附近。可以查看音乐轨道的波形，根据波形上的波峰和波谷的位置，清晰准确地找到节奏点。还可以边听音乐的声音外放，边在时间线上打标记，这样做的好处是，来自音乐节奏和力度的反馈会比较自然。但这要求注意力特别集中，在打标记时，手上反应要特别快，不然就容易漏打。

然后要预览画面素材片段，也就是那些准备使用的蒙太奇片段。要在蒙太奇片段合适的位置打上出点，不打入点。合适的位置是指表演动作的力量爆发点、演唱的音乐节奏点以及说话的口型关键点。在序列时间线上，根据刚才打的节奏点标记来创建入点和出点，前面一个标记是入点，后面一个标记是出点。最后就是三点编辑操作，即将刚才标记好出点的蒙太奇片段覆盖到时间线上。至于蒙太奇片段的入点，非编软件会根据时间线上两个相邻标记点之间的时长，反向推算给出其位置。因为蒙太奇剪辑本身就是一系列短的互不连贯的形象的组接，所以它对出入点之间的过渡是否流畅并不敏感，而音乐也具有桥接、顺滑不流畅剪辑的作用。依次在时间线上任何两个标记点之间的空隙都覆盖上蒙太奇片段，反向时序剪辑就完成了。

在时间线视频轨道上覆盖蒙太奇片段时，需要注意的是，不应该将蒙太奇片段的原声覆盖时间线音频轨道上的音乐。一般情况下，剪辑师会删除原声，在需要音效时，也只使用音效库里的音效配音。这样剪辑，就能确保表演动作的力量爆发点、演唱的音乐节奏点以及说话的口型关键点，正好落在音乐的节奏点上。在一些场景中，动作其实要比声音滞后一些，因为人们先听到声音，需要一段反应的时间，然后才出现动作，再发力，所以动作的力量点就会比音乐的节奏点滞后一些。如果在音频波形的波峰上切齐剪辑，就有点未卜先知的味道，显得比较突兀，也比较假，留给观众的反馈时间不够，节奏感和力量感就出不来。比较而言，边听音乐、边打标记，给出的时间差就比看音轨波形打标记更加准确。在看音轨波形打标记时，如果让标记点落在音乐波峰后方一秒左右的位置上，剪辑出来的蒙太奇片段就会比较有气势，力量感十足。

反向时序剪辑不单适用于歌舞片段的剪辑，也适用于混剪。混剪是混合剪辑的简称，是将多个预先存在的视频文本，根据并不明显的关系，组合成完整视频的剪辑方式。混剪可以将同一部作品的各种场景镜头混合在一起，表达一个故事或一种感觉，忠于原创作品；也可以将不同的影视作品剪在一起，形成一种新的意思或感觉，算是二次创作。与歌舞片段的剪辑不同的是，混剪中的音乐最好不要一通到底，除非这首音乐的起伏和节奏很明显，或者混剪时长在一分钟以内。在混剪时，可以选择两段音乐进行拼接。如果两段音乐的风格相似，可以用淡入淡出的过渡进行重新组接。如果两段音乐的风格不同，可以舍弃一段音乐，接入一段人物对白或者静音。至于镜头的原声，就不要删除了，因为不能只保留很燃的画面，没有原声。因为镜头的原声带着人物的情感，不能被随便舍弃。

4.3 情节过渡

剪辑时，要先根据分镜头脚本的情节点设计，将若干镜头剪辑组接在一起，形成单一的相对完整的故事情节。然后按照因果、呼应、并列、递进、转折等逻辑关系，将前后镜头连接起来，表现某一动作过程、某种关系或特定含义，这样就形成了视听语言中所说的叙事层次。就像戏剧中的幕和场、小说中的章和节一样，影视作品的结构层次是通过段落表现出来的。段落是影视作品最基本的结构形式。而段落与段落之间、场景与场景之间的过渡或转换，就叫作转场。

转场过渡时镜头的转换要做到既有分隔，又相连贯。叙事或表现时的镜头转换与转场过渡时的镜头转换，虽然都是在处理镜头衔接的问题，但两者还是有区别的。叙事或表现中的镜头转换一般只要求前后镜头过渡流畅和连贯。转场过渡时的镜头转换不但要承上启下、流畅连贯，还要层次分明、段落清晰，让观众能够感受到明显的间隔和段落层次。两者的目的也不一样：叙事或表现时的镜头转换侧重的是内在连贯式的转场，而转场过渡时的镜头转换侧重的是分割切断。两者组合起来，恰恰反映了转场在心理上和视觉上的依据，即心理上的隔断性和视觉上的连续性。

转场的具体类型很多，归纳起来，可以分为无技巧转场和技巧转场两大类。这里我们着重讨论一下无技巧转场，因为无技巧转场主要体现剪辑的艺术性，而技巧转场只不过是应用特技切换台或后期剪辑软件中的转场特技，使用一种简单技术操作而已。

4.3.1 无技巧转场

无技巧转场是用镜头的自然过渡来连接前后两段视频，主要用于蒙太奇镜头或段落中的转换。与转场过渡时的镜头转换强调心理上的隔断性不同，无技巧转场强调的是视觉上的连续性。并非任何两个镜头之间都能实现无技巧转场，这需要合理的转场时机和适当的造型因素。无技巧转场是现在比较流行的剪辑方式，在剪辑片段时直接切换，比较自然真实，其节奏感比技巧转场要强。用无技巧转场剪辑出来的影视片节奏紧凑，也比较契合隐形剪辑的理念。随着纪实主义的兴起，无技巧转场深受纪实类或者新闻类剪辑师的青睐。无技巧转场不但要求画面在视觉上是流畅的，还要求画面在逻辑上是流畅的，因而对剪辑师的能力要求是比较高的。下面介绍几种常用的无技巧转场方式。

4.3.1.1　出入画转场

出入画转场是十分常用的无技巧转场方式。具体的剪辑方法是：在一个场景的最后一个镜头中，主体走出画面，这是出画；在后一个场景的第一个镜头中，主体进入画面，这是入画。出画与入画的主体可以是人物，也可以是动物，还可以是车船等交通工具。主体出画可以带给观众短暂的悬念，之后的主体入画则回应了这种悬念，前后片段靠这种逻辑纽带联系起来，画面过渡也就自然顺畅了。

出画与入画的主体可以相同，也可以不同，但同一主体的出入画转场的实际使用频率会更高些。出入画转场需要注意的问题是，要保证主体出画与入画方向的一致性。对于水平方向的出画和入画，如果在前一个镜头中，主体从画框右侧出画，那么在下一个镜头中，主体就应该从画框左侧入画。

4.3.1.2　主观镜头转场

主观镜头转场是指，前一镜头以剧中人看或思考的画面结尾，后一镜头是他看到的或想到的人或事，前后相接，从而完成转场过渡。因为后面接的镜头是主观镜头，所以叫主观镜头转场。

　　有人也把主观镜头转场称为主观视线转场，其实两者还是有所区别的。主观视线转场是指利用人的主观视线进行场景转换。前一个镜头是人物看的动作，后一个镜头接人物所看到的场景。比如，一个人往窗外看，后面就接窗外的镜头。如果将主观视线转场推而广之，即前一个镜头给人物注视的动作，后一个镜头便可以接任意一个与人物视线方向相符的镜头，达到转场的目的。与人物视线方向相符的镜头未必和当前的时空一致，也可以是人物想到的人或事，陷入的回忆或者幻想等这些非视线所及的时空场景。所以，主观镜头转场的叫法更贴切些，它为穿越时空的镜头剪辑提供了想象空间。

　　主观镜头转场在影视片中应用非常普遍，不仅可以应用在段落层次之间，也可以应用于情节点的组接。一些对话场景的剪接逻辑就是主观镜头转场。谁说话，镜头切给谁，他说完了就盯着对方看反应，然后下一个镜头就切给对方。

　　主观镜头转场是接主观视角的镜头，这增强了故事和人物的真实性，观众如同身临其境，"目击"所见，因而具有较强的参与感，认为所看到的一切就是自己亲历的。但主观视角对事物的观察和人物关系的介绍并非不偏不倚，所接镜头也受观察者的方位和视角所限，因而带有主观性和强制性。因此，要慎用主观镜头转场。

4.3.1.3 声音转场

声音转场是指利用音乐、音响、解说词、对白等声音元素与画面配合实现转场。转场时，声音先出现，观众循着声音的方向看后面的镜头，从而完成转场。这时，画面切入点要比声音切入点晚1—3秒出现。

比如，在影片《让子弹飞》中，剿匪队伍出发前，黄四郎和师爷都做了一番动员演说，最后县长接过话筒，只说了一句："出发！"然后接大队人马沿着山路进山剿匪的镜头，这就是一处声音转场。"出发"之后，下一步顺理成章地就是军队开拔进山剿匪。后面紧跟着的一段也是声音转场。县长拿着委任状，和师爷并排骑马行进在剿匪的山路上，师爷最后说："你要不是张麻子，这山上可就有真麻子。张麻子一来，你我可就没有命了。"接着，"砰砰"枪响，假张麻子扮成麻匪，向县长的剿匪队伍开枪。前面刚说到张麻子，假张麻子的枪就响了，这样靠叫板连接上下镜头，在逻辑上也是说得通的。

上面两个例子都是利用人物的台词进行声音转场的，其实也可以利用音乐和音效进行转场。在影片《美国往事》（1984）中，"面条"（Noodles）从监狱出来，在莫胖子（Fat Moe）家回忆自己的年轻时代，在这一段落的镜头转换中，其配乐由现代交响乐声变成留声机播放老唱片的音色，同时画面从现实变成了回忆。

4.3.1.4 相似体转场

相似体转场是指利用画面主体的相似性实现转场。相似体转场在视觉上让人觉得画面主体相同，结果仔细看时，又发现不同。比如，一个镜头是一个人拿着热水瓶往杯子里倒水，然后接一只手伸过来端杯子的镜头。镜头再往后拉，这个伸手端杯子的已经是另一个人了，场景也换成了别处。那么，在前后镜头中都出现的水杯就是相似体，利用相似体桥接前后片段就是相似体转场。

相似体的选择可分为三种情况。第一种情况是"相同",即相似体是同一个主体,但出现在不同的时间和空间,用以串联不同时空的镜头。比如,在影片《叶问4:完结篇》(2019)中,叶问去美国旧金山国际空手道大会观看徒弟李小龙的比赛。叶问坐在观众席看李小龙在场上比赛,画面是叶问侧面头像的特写镜头,背景是观众席。然后接了另一个叶问侧面的特写镜头,相同的拍摄角度,相同的画面主体,区别只是背景不同。这个特写镜头是一个月前的叶问,那时候他还在香港,在诊室里,医生给他看X光片,并告诉他得了头颈癌。虽然前后画面都是叶问的侧面头像,但在时间上有一个月的时差,在空间上,前一个是在旧金山,后一个是在香港。用叶问的侧面头像关联两个不同时间和空间的镜头,就是同一主体的相似体转场。

第二种情况是"形似",即相似体并非同一个,但属于同一类。比如,后面有一群追兵,前面有一个人骑着马飞奔,马头从右出画,下一镜头接马头从左入画,镜头向后拉开,骑马的人变了,背景也变成了另一处场景。这前后的两匹马就是相似体,虽然不是同一匹马,仍然能将两个场景连接起来。在影片《泰坦尼克号》中,当下的沉船和当年的新船之间的场景转换令人叹为观止，它利用影视特技，把技巧转场和非技巧转场巧妙地结合了起来，将非技巧相似体转场和技巧叠化转场结合得惟妙惟肖。这里先是一个泰坦尼克号旋转90度的特效画面，镜头以沉船的船头开始，以新船的船身结束。沉船的船头挂满了海藻，在旋转过程中船身上的海藻越来越少，直至完全没有，等到与新船的船身完全融合，在镜头收尾时，泰坦尼克号完全是一艘新船了，叙事主线也从打捞沉船过渡到了八十四年前泰坦尼克号首次出海时的场景。

  第三种情况是"神似"，即相似体并非同一类，但在造型上有相似性。这种相似体转场带有象征和比喻的意味。比如梦工厂的动画片《功夫熊猫》（2008）中有一段乌龟大师与浣熊师傅道别的场景。乌龟大师被桃树上飘落的花瓣簇拥包围着，逐渐飞上云霄仙去。花瓣消失在天空中，幻化成漫天的繁星。镜头从星空向下摇，星空之下有一座亮着灯的阁楼。后面接下一场戏，在阁楼里，熊猫阿宝正给盖世五侠煮面条。这里，飞向天空的花瓣与漫天的繁星并非同类，但又具有相似之处，它们遥远而繁多、闪烁又飘渺。乌龟大师化身为升空的花瓣，有俯视星空之下阁楼之内的盖世五侠和神龙大侠（熊猫阿宝）之意。

4.3.1.5 特写转场

特写转场是无技巧转场中最常见的一种形式。无论前一组镜头的最后一个景别是什么，后一组镜头都以特写开始，这就是特写转场。特写镜头具有强调画面细节的作用，能暂时集中观众的注意力，并在一定程度上弱化时空或段落转换时的视觉跳动感。特写镜头往往能调动观众的情绪，把观众的注意力引向下一个场面。比如，在一个人说话时给一个其他地方的特写镜头，下一个镜头就可以切到这个地方了。所以，有经验的摄影师在拍摄时，都会有意识地多拍几个特写镜头，或是从特写拉到中景或全景的镜头。当后期编辑遇到不好处理的情况时，这些特写镜头就特别有用。

现在比较流行的剪辑方式还是隐形剪辑，或称无技巧剪辑，就是不加任何特技地直接进行转场。尽管影视特技转场手段已经非常丰富了，但还是免不了被重复使用，甚至到了滥用的地步，更何况大量特效转场会拖慢影视作品的叙事节奏，所以无技巧转场始终都有一大批拥趸。无技巧剪辑并不是没有任何转场的"硬切"，观众之所以不易察觉，只是因为剪辑师巧妙地运用了特写转场而已。

4.3.2 技巧转场

技巧转场是指，通过电子特技切换台或后期非线编辑软件，对两个画面进行特技处理，实现场景的转换。因为技巧转场需要使用特技，所以技巧转场也叫特技转场。对于电影的镜头转换来说，可以用不同的光学技巧和手段，达到流畅剪辑的目的；而数字视频剪辑用非线编辑软件同样也可以做到。常见的技巧转场包括切入切出、淡入淡出、划入划出、化入化出、虚化镜头、叠化转场和倒放转场等。下面就来介绍一些常用的技巧转场方式。

4.3.2.1 切入切出

切入切出是电影中最常用的一种镜头转换方法。切入切出是指，不加技巧，在上一个镜头结束处直接转换到下一个镜头开始处，毫无间隙，也称为"切"。尽管切入切出转场没有使用特技手段，但其与无技巧转场还是有区别的。切入切出不以前后片段内容上的逻辑联系为前提，是在剪辑过程中硬"切"出来的，所以仍归为技巧转场的范畴。

4.3.2.2 淡入淡出

淡入淡出也称渐显渐隐。淡入或者渐显是指，片段开始的光度由零逐渐增至正常值，有如舞台的"幕启"。淡出或者渐隐是指，片段结尾的光度由正常值逐渐减至零，有如舞台的"幕落"。在影视片中，最为常见的淡入淡出就是片头淡入，片尾淡出。

影视片中间的淡入淡出会给观众一种间歇和新场景开始的感觉，一般用于大的段落转换。一个段落结束，另一个段落开始，表明在时间连贯性上出现了一个大的中断。淡入淡出以及中间停顿的时间长度，主要取决于影视作品的剧情、气氛、情绪和节奏等因素。淡入淡出不但具有转换场景段落的作用，还具有压缩时空变化、延伸情绪和调整节奏的作用。当使用淡入淡出转场时，观众会有时间去品味刚看到的内容，或者为下面内容的出现做心理上的准备。

4.3.2.3 划入划出

划入划出也是影视镜头转换的一种技巧。用一条明晰的直线或者一条波浪线，从画面边缘开始，按直、横、斜等形式，抹去上一个画面，叫划出。下一个画面也这样取而代之，叫划入。有时，不是用直线或者波浪线，而是用圆、菱、帘、三角、多角等形状或方式，抹去上一个画面，并替换为下一个画面。比如，用圆的方式，称"圈入圈出"；用"帘"的方式，称"帘入帘出"，即像卷帘子一样，使画面内容发生变化。

划入划出转场可以给人明确的时空转换感觉。如果运用得恰当，会增强转场的艺术感染力；但如果设计得不好，就会带有明显的技术处理的痕迹，妨碍叙事镜头的流畅性，分散观众的注意力。将划入划出转场用在卡通、喜剧和综艺等影视片中，可能会自带一定的幽默效果，但将其用在正剧和严肃片中，就会显得荒诞怪异，不伦不类。

4.3.2.4 化入化出

化入化出又称溶入溶出，也就是指在镜头转换时"溶"的方法。"溶"是指，在前一个画面消失的同时，后一个画面逐渐显露出来，二者在"溶"的状态下，完成画面内容的更替。画面逐渐显露叫化入，画面逐渐隐去叫化出。化的过程通常延续三秒左右，因此化入化出常用来表现两个相互联系的内容或场景慢慢过渡的感觉。

化入化出的典型应用场景有：（1）时间转换；（2）表现梦幻、想象、回忆等心理活动；（3）表现景物变幻莫测，令人目不暇接；（4）自然承接转场，叙述顺畅平滑。划入划出转场的持续时间需要三秒左右，而一般影视片镜头的平均时长也才只有两秒，所以它只适合表现慢慢地过渡，不能用于剪辑节奏快的片段，在剪辑节奏适中的片段中也应慎用。

4.3.2.5 虚化镜头

虚化镜头转场是指，先调虚前一段镜头最后一个画面的焦点，直到完全模糊，也就是虚出，接着将后一个镜头开始画面的焦点从虚像慢慢调实，直到完全清晰，也就是虚入，从而达到转换时间、地点和场景的目的。在虚化镜头转场中，可以自由掌握"虚"的速度和长度。虚化镜头转场常用于表现剧中人物视线模糊、昏迷等情景，或用于压缩时间，避免剧情拖沓和冗长。比如，要表现一盘在蒸笼中蒸了两个小时的菜肴，可以把调配好的菜放入蒸笼，盖上蒸笼罩，这时将镜头虚化。下一个镜头由虚焦开始，拍蒸笼冒着气，然后打开蒸笼，慢慢调实焦点，拍从蒸笼里取出蒸好的菜肴。这样表现蒸菜的过程就比如实记录更为简洁。可以说，虚化镜头转场是化入化出转场的特例，虚化镜头与"溶"的效果相似，但化入化出的前后镜头之间还是有段落感的，而虚化镜头更像在一个长镜头中完成了转场过渡。

4.3.2.6 叠化转场

叠化转场也称"叠印"或者"叠"，是指两个画面甚至三个画面各自并不消失，都"留存"一部分，以分割画面，从而表现人物之间的联系，推动情节发展。叠化常用于表现剧中人物的回忆、梦境、虚幻想象、神奇世界等。

最常见的叠化转场是交叉叠化，就像在动画片《冰川时代4》（2012）中那样。如图4-1所示，前一片段由光度正常值逐渐减弱至光度看不见的，后一片段由光度看不见的逐渐增强至光度正常值。这与淡出淡入转场的原理基本相同，但两者之间还是有区别的。在交叉叠化转场中，在前一片段，光度逐渐减弱的同时，后一片段的光度正逐渐增强，前后片段的光度变化是同步进行的。所以才会出现镜头2和镜头3那样的你中有我、我中有你的画面。直至镜头4，后一片段的光度达到100%，前一片段的光度减至0%，转场结束。在淡入淡出转场中，前后片段的光度变化并不同步：在前一片段淡出，光度衰减至黑场时，后一片段才从黑场淡入。在后一片段出现时，前一片段已经结束了，前后片段之间没有任何重叠和交叉的部分。

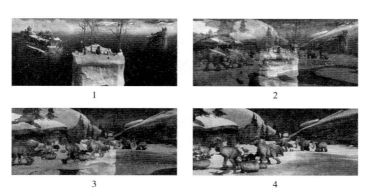

图4-1 动画片《冰川时代4》中的交叉叠化转场

叠化转场的好处是，可以平滑处理一些过渡比较困难的镜头。叠化转场可以用于处理画面亮度对比过于强烈的镜头。比如，从幽深黑暗的隧道内过渡到阳光明媚的隧道外，从夜景直接过渡到白天。叠化转场还可以用于处理画面色彩对比过于突兀的镜头。比如，从冷色调画面过渡到暖色调画面，将前后画面叠化，可以创造出中性色调的画面，从而避免了跳接。

　　在使用叠化转场时，必须要注意，那种你中有我、我中有你的画面并不能给观众带来美感，它的存在只是技术上的"不得已而为之"，所以并不建议频繁使用。另外需要注意的是，叠化是需要素材余量的。也就是说，在前一片段出点之后、后一片段入点之前，必须有可供"叠"的视频内容，否则前后片段中就缺少内容交叉的部分。在剪辑过程中，一般都将转场放在精剪之后。这时，片段的出入点都已经确定了，加上叠化转场后，前后片段都须再次从源素材的余量里补足"叠"的视频内容，这个过程是软件自动完成的。在加入叠化转场前，如果视频被渲染过，由于渲染缓存的影响或者文件刷新得不及时，可能看不到预览片段中叠化处存在不该有的画面，直到输出成片时才会发现。

所以，当使用叠化转场的视频导出成片时，其中可能出现不该有的画面，一闪而过，破坏了视频的流畅性。这一闪而过的画面就是从余量中因叠化的需要而增补进来的，它是在前一片段出点之后，后一片段入点之前，并未被选用的视频内容。因此，在使用叠化转场时，要有相应的预判。

第5篇 声音

最早的电影都是无声的，也称默片，所以声音与画面不是一开始就结合在一起的。直到1940年，卓别林的第一部完整的有声片《大独裁者》上映，有声电影才算正式诞生了。有声电影比无声电影更加具有真实感，当讲述复杂的故事时，人物可以表演，也可以用语言讲述的方式直接推进剧情。就像影片《阿甘正传》那样，从头到尾都是阿甘在讲自己的故事，然后穿插故事情节。如果换成无声电影中演员的那种表演方式，时间和空间跨度那么大、情节那么多，就真不知道该怎样串联起来了。

在影片中加入声音，可以弥补画面二维空间的不足，使画面更真实，更有现场感。如果使用画外的声音，还可以把人物形象扩展到画外，形成画面以外的多层次空间。使用声音的另一个好处是，可以揭示人物的内心世界，起到渲染环境气氛、衬托人物情绪和性格的作用。影片中的声音与画面像是一对若即若离的恋人，他们常常如影随形，同行同止，但要是把他们当成一个人，那就大错特错了。对于影片中的声音，比如对白、音乐和音响，我们要根据其内容要求，以及声画关系来处理镜头的衔接，它们有各自的剪接规律，下面将分别进行讨论。

5.1 人声剪辑

依据说话时人物是否出现在画面里，我们可以将人声分为画内音和画外音。画内音的主要形式是对白。对白可能是两个人或者多个人在一起说话，也可能是一个人在自说自话或者打电话。画外音的形式很多，包括旁白、独白和解说等。独白的画面里虽然有人物，但是没有人物说话这一动作，声音只能靠后期配音。下面将分别介绍画内音，也就是对白以及画外音的剪辑。

5.1.1 对白配音

在影视片中，人物说的台词都叫对白，也称"对话"。处理对白是剪辑的重要工作之一。在剪辑对白时，要保证对白在语气、音量、背景噪声等方面的流畅，就像镜头与镜头之间的剪切那样。剪辑师会尽其所能来实现这个目标，比如偷换不同镜次里的对白片段，甚至到拍摄现场捕捉自然真实的声音。

对白可以在拍摄现场同期录制，也可以后期同步录制。后期同步录制对白是指在录音棚里录制与原画面同步的对白，以替换现场录制的对白。在影视后期处理人声时，剪辑师要协调对口型配音、自动对白重置、画外音和环境声之间的关系。

当现场录音条件不佳，拍摄过程中存在一些有缺陷的对白表演，或者需要额外的补充对白时，对口型配音就变得十分必要了。对口型配音（looping）是指，配音人员按照画面中人物说话的口型，完成对白，同时语句中的情感变化要与人物的表情动作协调一致。

自动对白重置（automatic dialogue replacement，ADR）则是指根据现场录音进行对白录音修正，目的是弥补现场录音的不足。为什么不用现场录制的人声呢？因为现场有环境噪音，而且它是不可控制的，也无法与对白分离开来。在录音棚里面，录音师会反复给演员听现场录制的一段台词，演员按照其中的语气，对上口型重新配音。混音师会根据现场声音的环境，给配音加上空间感，还会根据当时发声位置的变化，调整声音的距离感和运动感。

5.1.2 对白剪接

在对白场景中，人物形象通常是比较静态的，重点是表现人物之间的对话，而不是人物的动作。动作以画面的表现性为主，对白则以声音的表现性为主。对白场景的画面切换依据的是画面中人物的对白，应根据对白开始与停止的位置，对白的抑扬顿挫，以及对白的语调和速度来确定剪接点。对白剪接方式分为两种：一种是平行剪辑，也称同位剪辑法，即声音与画面同时切入，同时切出；另一种是交错剪辑，也称串位剪辑法，即声音与画面交错地切出和切入，交叠对白。

5.1.2.1 平行剪辑

对白的平行剪辑是一种中规中矩的剪辑方式，谁说话就将画面切给谁，说完就切出。在时间上，不突出谁，也不挤压谁，公正客观，适用于稳重、庄重和严肃的场景。对白的平行剪辑的技巧体现在对说话者情绪和气势的把控上，归纳起来有三种剪辑方法。

第一种，在上一个镜头的话音结束时，留出一定的时间空隙，再切出画面；在切入下一个镜头画面时，也留出一定的时间空隙，再切入话音。这种剪辑方法常用于表现对话双方或多方心平气和地交谈。

第二种，上一个镜头的话音一结束，立刻切出画面，接下一个镜头的话音与画面；在下一个镜头的话音结束时，留出一定的时间空隙，再切出画面。这种剪辑方法意味着，后者接话接得比较快，如果将一连串的对话都这样剪辑，就能表现出后者对前者穷追不舍、咄咄逼人的攻击气势。尽管后者步步紧逼，前者还能够通过对应答时机的把握来掌控对话的节奏，体现前者仍然不急不火，从容自如，并没有因后者的气势汹汹而改变说话的节奏。

第三种，上一个镜头的话音一结束，立刻同步切出话音与画面；下一个镜头一开始，立刻同步切入话音与画面。也就是说，镜头之间的切换干净利索，不留任何间隙。这样的对话已然是激烈的交锋，说话的双方或者多方已经到了辩论或争吵的地步。

对比以上三种对白的平行剪辑可以看出，平行剪辑的关键是话语间隙。话语间隙的紧密或疏离，不仅能反映说话者的情绪，也能营造出说话者的气势。

5.1.2.2 交错剪辑

因为有前期剧情的铺垫，观众在人物还没说完台词时，就知道接下来的对白了。此时，观众急于看到其他人听到这些话时的下意识反应。剪辑师可以将人物对话进行交错剪辑，交叠对白。交错剪辑的镜头并不是自始至终只呈现说话的人物，而是将上一个镜头的对白延续到下一个镜头中，直到镜头中的人物开始说话为止。

有些剪辑师会把上一个镜头中的两三句话交叠到下一个镜头中，这样可以使前后镜头的联系更加紧密。剪辑师使用交叠对白都是有目的的，并不会平白无故地交叠镜头。如果场景张力十足，而且情绪丰沛，那么对白就能很自然地交叠在一起。当然，这对剪辑师来说也具有一定的挑战性。对白的交错剪辑也有两种剪辑方法。

  第一种剪辑方法是，上一个镜头的人物画面切出时，要将其话音拖到下一个镜头中人物画面出现之后，下一个镜头中的人物话音要晚于人物画面出现，这种剪辑方法也叫"拖声"。在时间线的轨道视图中，拖声片段的剪辑形状像大写英文字母"L"，所以拖声剪辑也叫"L 剪辑"。拖声强调前者的说话内容对后者的影响，也就是我们常说的反应镜头。后面的画面能表现出人物的内心活动和情感流露，并强调其所显现的行为状态。

  第二种剪辑方法是，上一个镜头的话音切出后，画面中人物的表情动作仍在继续，要将下一个镜头的话音接到上一个镜头中人物的表情动作上，这种剪辑方法也叫"捅声"。在时间线的轨道视图中，捅声片段的剪辑形状像大写英文字母"J"，所以拖声剪辑也叫"J 剪辑"。捅声中的后一个镜头的话音早于其画面出现，可以达到未见其人、先闻其声的艺术效果。

  图 5-1 是影片《让子弹飞》中"鸿门宴"的对话场景的剪辑。数字标记的是镜头的切换，1—8 表示镜头切换了 8 次。字母标记的是对白的切换，A—D 表示对

白切换了 4 次。对白 A 是黄四郎的台词,在 A 段中镜头切换了 4 次,用到了交错捅声、平行剪辑、旁观者反应镜头、交错拖声四种对白剪辑手法。对白 B 是师爷的台词。对白 C 中没有台词,县长自斟自饮,用喝酒的声音掩饰搪塞师爷的问话,此处无声胜有声。对白 D 还是黄四郎的台词。这里把 B 和 C 当作一个整体来看,前面是黄四郎对白 A 的拖声,后面是黄四郎对白 D 的捅声,前堵后截,步步紧逼,反映出"鸿门宴"一开局县长和师爷就处处被动的尴尬局面。

如果只有两个人物,可以进行双机位拍摄,分别用两台摄像机拍摄这两个演员的动作表情,只用一条声轨记录他们的对话,那么无论镜头给哪一个人物,都可以自然地交叠对白,剪辑师还可以用近景镜头来交叠对白。当人物超过两个、拍摄角度多样时,剪辑师则需要用较远的镜头来交叠对白。剪辑师应该在保持音轨整体流畅和清晰的基础上,始终使音轨与人物恰

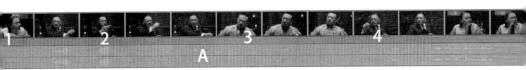

图 5-1　影片《让子弹飞》中的对白交错剪辑

当地同步,这样才能真正展现剪辑的艺术。

总的来说,对白场景的剪接率要视对白的多少来确定。对于对话多、动感不强的片段,镜头分切要多而短,这样有利于形成节奏感。对于对话少、动作较多的片段,镜头分切就要少而长,这样有利于保持动作的完整性和观赏性。

5.1.3 画外音

画外音(voice over, VO)是指影片中的声音在画外,就是说不是由画面中的人或物直接发出的声音,而是来自画面之外的声音。音响的画外运用也是画外音的重要形式,我们后面再讨论。这里着重介绍人声画外音的三种形式:旁白、独白和解说。

旁白是一个固定的人在说话,他可能是影片的创作者,也可能是故事的叙述者,但这个人不参与演出,

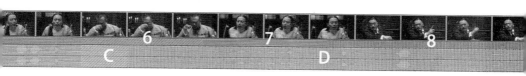

不会同步出现在画面里,至少发声时这个人并不在画面里。旁白只用于介绍剧情或者渲染气氛,通常用在开演时或者幕启后,来介绍时间、地点、出场人物、事件背景等。有些时候,旁白可以直接用于介绍影片内容、交代剧情或发表议论,包括转述对白。

独白是对画面中人物的心理活动的语言表述,是揭示人物内心世界的重要手段。独白者会出现在画面里,但他没有说话的动作,他心里想说的话是以画外音的形式讲述出来的。

不管是旁白还是独白,都是只言片语,话都不多。那种大段大段介绍和解释画面内容的表述,叫作解说。解说是一种介绍和解释画面内容、阐述影片创作者思想观点的表达方式。比如,在介绍美食或者动物的片子里,解说几乎自始至终存在。

剪辑画外音就是把录制的旁白、独白或者解说添加到画面中,但不要求其必须与画面同步录制。也就是说,画外音录制比对白录制要自由得多,不需要对口型说话。旁白、独白或者解说的基本要求是:内容源于画面,但不能重复画面的内容。所以,在剪辑解说时,插入的时点要滞后于画面,以给观众留下认识和理解画面的时间。

画外音使声音摆脱了对画面形象的依附，打破了镜头和画框的现实边界，把影视片的表现力拓展到了画面之外，使声音的创造力得以充分发挥。画外音不仅能让观众深入地感受和理解画面的形象内涵，也能通过具体生动的声音形象，实现间接的视觉效果，强化影视片的视听结合功能。画内音、画外音和视觉形象互相补充，互相衬托，还能制造出许多蒙太奇效果。

5.2 音乐剪接

声音的产生原理与影像有着本质的不同，音频的震动本身就是连续的。"一些剪辑师坚持认为没有声音的画面是死的，没有画面的声音就不是。"[①] 这是因为声音轨道优先于视频轨道。特别是音乐，它可以让跳跃的画面变得平顺，并为剧情的进展注入活力。比如，

---

① 〔英〕罗伊·汤普森、〔美〕克里斯托弗·J. 鲍恩：《剪辑的语法（插画修订第2版）》，梁丽华、罗振宁译，北京联合出版公司2017年版，第139页。

影片《巴顿将军》的开场就大量地使用了跳接镜头，在 42 秒的时间里出现了 11 个跳接镜头，这显然违反了剪辑的基本原则——"同景别，同机位，莫组接"。观众之所以能够忍受画面的"跳"，是因为其间美国陆军的升旗军号声是连续的。升旗军号声是背景音乐，其在物理上的连续性取代了画面在逻辑上的连续性，音乐的存在使观众对视觉连续性的要求大为降低。音乐是剪辑画面的黏合剂，即使是一些镜头的"跳跃"片段，只要音乐恰到好处，也会达到自然顺畅的效果。如果失去了音乐的伴奏，很多蒙太奇式的剪辑就不好看了。

现在，在影视片中加入音乐愈加盛行，剪辑师在初剪期，还没到混音那一步骤时，就开始添加想用的音乐。导演也期望剪辑师能根据音乐来剪辑，让音乐贯穿整部影片。"戏不够，音乐凑"，这是剪辑师的戏谑的口头禅。音乐确实能把零碎、平庸的画面连接得比较平顺，充满节奏的张力，使之焕发勃勃生机。如果想用照片来制作一段视频，在音乐的选择上多花一些心思是明智的。但是，音乐也能迷惑人，可能让剪辑师对作品的质量盲目自信。当音乐出现在本不应该存在的地方时，平庸的剪辑就会被遗留在影片里，如果没有配乐的干扰，剪辑师应该能及时发现问题。

有时，让音乐在适当的位置缺席，也会使影视片别有一番韵味。沉默是一种有力的表达方式。在影视片中，如果故事可以凭自身情节或者结构的力量推进，达到它所期望的效果，原则上就不要加入音乐。音乐也可能软化一个不该被软化的时刻。比如，一个人临终的场景加入音乐，就可能会增强人们对悲伤的承受能力——而导演想达到的效果却是让观众感受到难以背负的痛苦。下面我们就来了解一下，在影视片中如何把握音乐的节奏和音乐的情绪。

5.2.1　音乐的节奏

镜头动作只有与音乐节奏合拍，才能产生旋律的美感。如果要将一首歌曲剪辑到视频中，剪辑师首先要考虑节拍。因为音乐的剪接点多数情况下是在乐句或者乐段的转换处，所以找准节拍非常重要。通过非线编辑软件，很容易查看音频的波形，观察波峰和波谷的位置，就很容易找准节拍。至于音乐剪接点是切在波峰上,还是切在波谷上,要看具体想达到的效果,并无成规。多数情况下是切在波谷上,这样有利于音乐的过渡和衔接。

通常情况下,在视频剪辑过程中,音乐要跟着画面走,所以叫配乐,即音乐从属于画面。对音乐进行修剪和衔接,可以使音乐与画面内容相得益彰,这样的视频才流畅。如果要为一首歌曲剪辑画面,视觉上的最佳剪接点应该落在音乐中的重音或者乐器敲击点的歌词上,也就是在声轨波峰处进行剪接。因为,当声音最大的时候,很多观众会不自觉地眨眼睛,在这里切换,对保证视频的流畅性是十分有利的。当然,也不能牺牲故事情节的流畅性而在声音大的地方强行剪接。

这种把剪接点放在音乐的重音上的剪辑方法叫"硬切",它的特点是雄浑有力,更能引起观众的注意,但应注意音乐的情绪转换要与画面的情绪点相配合。声音的速度要比光的速度慢很多,人的听觉反应和视觉反应之间有明显的时间差,所以音乐中的重音要比相应的画面出来得晚一些。音乐剪辑中有一条经验法则,即当你打算在一个节拍点上剪切音乐时,这个点应该比画面至少晚三帧切入。有时在音频波峰上"硬切"可能会太直接，如果在一段四拍音乐的第二拍或第三拍的波谷处剪切，则会让人感觉更为流畅，因为在波谷处基本听不清音乐的切换，这种暗度陈仓式的音乐切换就是"柔切"。所谓的"柔切"就是指将音频剪接点插在节拍之间的音频剪切方式。

无论是"硬切"还是"柔切"，音乐都应该追随画面，歌词或乐器的起承转合也都应该与画面相契合。音乐剪辑不仅要处理好音乐和画面之间的配合问题，也要处理好音乐之间的拼合问题。在对音乐进行拼接组合时，可以把大段的音乐分成若干小段，分段使用。剪辑师可以根据画面主题选择不同的音乐风格，这也有利于不同音乐风格之间的过渡和整合。所以，剪辑师不能墨守成规，不能完全按音乐的节拍来剪辑影像，否则看着就好像是音乐在拉着影像走。

5.2.2 音乐的情绪

剪辑师还必须懂得音乐的心理影响，考虑画面是否符合音乐的主体基调，剪接点是否在音乐的节奏点上，然后适应音乐的节奏，找到画面剪辑的节奏。如果音乐的情绪、节奏与画面的内容吻合，音乐就能起到描述、解释和渲染画面的作用。反之，如果音乐不追随画面，画面是画面，音乐是音乐，画面上的形象与音乐相反或对立，则会生发出新的含义，超越画面中的现实空间，给观众以丰富的联想。当音乐情绪与场景氛围形成某种对立时，比如快乐的场景伴随着悲喜交加的音乐，往往是不祥之兆，或者在揭示某些忧伤的往事。

音乐也能渲染情绪，比如制造紧张或恐惧。在惊悚片或动作片中，音乐常与画面场景的变化、人物的动作高度同步，因为在这类影片中使用音乐，不仅是为了影响情绪，也是要制造一种声音效果。突然爆发的音乐能引起震惊或意外，特别是出现在持续一段时间的寂静之后。受动画片的影响，喜剧中的音乐通常会与画面精妙地同步。在浪漫爱情片中加入音乐往往会更显缠绵，也少有特殊的指向性。

人声伴唱是另一种形式的音乐，俗称"唱啊"。就跟和声一样，人声伴唱里除了"啊"，没有其他的唱词，但用它能哼唱出不同的旋律和节奏，由此表达欢快、忧伤、浪漫、深情、思念等情绪。比如，一个人对着一张老照片沉思，镜头中没有任何对白，也没有明显的动作，这时划出一段女声的和声，就像在耳畔低声吟唱，并没有什么实际意义，只是为了传达一种情绪，营造某种意境，以填补画面持续时间里的声音空白。

音乐是不同于画面的另一种表达方式，可以超越时间和空间的局限，压缩故事情节或者使时间跳跃。也就是说，音乐能让一组被压缩了的通常不带对白的叙事镜头变得流畅。在影片《泰坦尼克号》的片尾，露丝把"海洋之心"抛向海里，然后回到船舱，进入了梦乡。在睡梦的场景中，音乐的音色变成了哀婉忧伤的爱尔兰风笛；人声伴唱贯穿全部的水下镜头，直到镜头从沉船走廊切换到新船走廊时才结束。"唱啊"和着配乐的画面持续了约一分钟，露丝的八十四年就这样过去了。

5.3 音响的剪接

音响是指影视片中除了人声和音乐之外的其他声

音。现场的人声和音乐不具备独立意义时，也属于音响。典型的音响就是环境声。环境声(wild track)是在影片现场或稍后录制的背景声音，并不意味着完全同步的录音。录音师经常会收录一些人群的喧闹声或随意的对话声等作为环境声。

  影视作品中的音响分为主观音响和客观音响两类。主观音响是指剪辑师为了达到一定的视听效果而有目的地选择使用的音响。比如，在剪辑紧张的场景时，剪辑师为了制造紧张氛围和强化冲突，会给演员配上急促的呼吸声或者"咚咚"的心跳声。主观音响一般都是音效师后期制作出来的，这样做至少有两点好处：一是可以弥补现场声音收录的不足。后期制作的声音更纯净、更清晰，还没有杂音干扰，便于录制合成混音。二是创作自由，可以极尽渲染气氛和夸张音效之能事。比如，一个人悄悄潜入没有人的房间，蹑手蹑脚，怕被人发现，大气都不敢出。这时，音效师会混入一种特殊的沉重而空洞的脚步声，这些音响与正常的脚步声略有不同，其目的就是引起观众的注意，强化观众的内心感受。

  在拍摄现场，麦克风很难捕捉到主观音响，即使捕捉到了，声音也很微弱，无法用在剪辑中。在录音间里，音效师会想方设法让道具发出各种各样的声响，用它们来模拟现场的主观音响。有时，音效师还会把音响做得十分夸张，其目的也是引起观众的注意，产生更加强烈的视听效果。比如，为了夸大心跳声，音效师有节奏地拉弹力布，发出"扑通扑通"的声音，并把它录下来，用来替换画面中的心跳声。或者音效师又找来一个气球，先向气球里吹一些气，然后按照急促呼吸的节奏，不停地对着气球一吹一吸，并把这种声音录下来，就是剪辑里急促的呼吸声。撞门时"砰"的一声，来源于音效师用力把一个充满气的塑料袋压爆，录制的气体外泄时淀粉袋子发出的声音。

客观音响则是在拍摄时的原始状态下收录的音响，它是客观存在的，不是剪辑师主观添加的。比如，在拍摄街景时，背景人声和车辆经过的声音就是客观音响，没有它们就不真实，缺乏现场感。为了突出音效，剪辑师在剪辑时也可能替换客观音响，换成更清晰、更纯净的声音。比如，雨点穿过大树枝叶的间隙，落在探险者的帽檐上，发出"滴滴答答"的声音，这来源于音效师将洒水壶里的水淅淅沥沥地洒在雨靴上的声音。脚踩在雪地上发出的声音，则来源于音效师在录音棚的地上放了半袋子淀粉，用鞋子不停地踩发出的"咯吱咯吱"的声音。

音响剪接的基本规则是，以画面内容为基础，做到声画同步。主观音响的剪辑动机比较复杂，很难笼统地概括，这里着重说一下客观音响的剪辑。声画同步是音响剪辑的基本要求，但并不意味着要同时切入切出音响与画面。同时切入切出音响与画面是平剪，它是客观真实的，也是新闻片中经常使用的剪辑手法。人的视觉和听觉是两套相对独立的感知系统，人脑对视觉和听觉的反馈有时间差，声音的延迟往往是距离和空间感的体现。一般在前期拍摄时已经同步录制了同期声音效。对于一个远景，观众的视点在远处，如果直接平剪现场音响，就会让人产生虚假的感觉，因为从远处传来的声音应当有延迟，而且声音响度也应当有损失。这时，需要对声音稍做延迟和降幅，才能保证声音质感与画面一致。

此外，出于画面剪辑的需要，剪辑师也会刻意地让声音和画面不同步。如同对白交叉剪辑一样，音响与画面的不同步剪辑也分为拖声和捅声两种。拖声是指，画面结束了，音响仍在延续，直至全部结束。拖声通过保持音响的相对完整性，来达到延续情绪的目的。用拖声做转场，桥接不连贯的片段，是非常巧妙的剪辑手法。捅声是指，声音先于画面进入，未见其人，先闻其声。捅声是先入为主，可以起到引导下一个镜头出现的作用。比如，先是客观镜头，一个人正沿着河堤走路，突然听到落水的声音，这个人循声望去。然后接他的主观镜头，河里有一个女子，正在水中挣扎。再接客观镜头，他跳进水里救人。这里就用了捅声的剪辑方法，先切入女子落水的声音，引发这个人循声望去的动作，然后切入这个人的主观镜头，再切入女子落水的画面。其实，无论是拖声还是捅声，都是非常自然且符合逻辑的转场手段。

视频画面是以图层的方式呈现出来的，图层与图层之间存在遮挡关系。声音则不同，声音是以混音的方式呈现出来的，在一个声音出现时并不要求另外一个声音停止。所以，我们可以累积几种音响，实现合声效果。拟音就利用了这个特性，将实际生活中无法直接录制的音响效果，按照影片的需要用人工发声器模拟出来，或者对录制好的动作音响进行后期处理，从而达到影片要求的音响效果。比如,在1993年上映的影片《侏罗纪公园》中,标志性的霸王龙的叫声就是象和狗的叫声经过后期混音处理而成的。另外,还用马在吃玉米棒子时松动的牙齿和玉米棒子之间互相碾压的声音,模拟了霸王龙吃掉律师的声音;用一匹马发怒时的鼻子喷气声,模拟了迅猛龙的呼吸声;用马因非常惊恐而发出的尖叫声,模拟了霸王龙吃掉"似鸡龙"(Gallimimus)的声音。在影片《变形金刚3》(2011)中,令人震撼的钢筋混凝土崩塌时的声音,其实就是一块40斤重的冰块在融化过程中发出的声响,经过后期处理而成的。

5.4 声音的过滤

声音的振动频率的基本单位用"Hz"来表示,译为"赫兹",简写为"赫",因发现电磁波的德国物理学家海因里希·鲁道夫·赫兹(Heinrich Rudolf Hertz)而得名。赫兹是个比较小的单位,比它更大的单位有千赫兹(kHz)和兆赫兹(MHz),三者之间的进率关系均为 1000 倍。人声的频率范围大约为 100Hz（男低音）到 1.1kHz（女高音）。正常人能够听见的声音范围为 20Hz—20kHz，老年人分辨高频声音的能力可能要减小到 10kHz 左右。频率低于 20Hz 的声音称为次声波，高于 20kHz 的声音称为超声波。所以，在人声频率范围之外，还存在很多能被听见的声音，对于其中的一些声音频率，剪辑师并不希望它们出现在剪辑里。那些能够产生干扰的声音，也就是不需要的声音，称为噪声。所以，剪辑师不可避免地要与噪声打交道，把噪声与人声分离开来，并对噪声做削弱或过滤处理。

5.4.1 噪声的产生

采集的声音中的噪声通常有两类：一类是由咪头摄入的环境噪声；另一类是设备产生的线路噪声。

5.4.1.1 环境噪声

由咪头摄入的环境噪声与声音收录方式有很大的关系。一些人在拍摄时为了省事，或者受拍摄条件限制，直接使用摄像机的机载麦克风收音，这会带来噪声问题。首先，机载麦克风收录的是摄像机周围的声音，不只是被摄对象发出的声音。摄像机周围的声音比较嘈杂：剧组或者工作人员小声交流的声音，摄影师咳嗽、喝水、喘粗气等声音，导播通话和监听耳机回传的声音，设备风扇工作和硬盘读写的声音，摄像机附近的手机震动或手机通话的声音，等等。这些都会被机载麦克风摄入，并录制到源素材中。

其次，摄像机的机载麦克风大多数是全指向式麦克风，它对来自不同方向的声音的灵敏度是基本相同的，这就不可避免地会多摄入一些环境噪声。拍摄现场使用的挑杆话筒大多数是超心型指向麦克风。超心型指向麦克风可以接收前方较远处的声音，但对两侧的声音接收得很少。超心型曲线比心型曲线更具有方向性，当这类话筒指向一个声源时，轴线外的干扰声往往会被抑制。超心型指向麦克风多用于室内的音乐多轨录音，它不但可以减少来自附近其他乐器的声音，还能降低回授音引起啸叫的风险。挑杆话筒内装的就是超心型指向麦克风，它的位置更接近被摄对象，远离摄像机周围的声音，而且麦克风可以直接指向说话人的嘴巴，收声效果自然就干净。

最后，摄像机与被摄对象之间的距离是变化的，虽然摄像机被固定在三脚架上，但被摄对象会移动，其离摄像机的距离可能忽远忽近，如果使用摄像机内置麦克风收声，收录的声音可能忽大忽小。虽然这样不会产生额外的噪声，但在后期时如果提升微弱声音的电平，噪声也会被一同放大。如果使用挑杆话筒，挑杆员可以跟着被摄对象移动，收声效果就会比较稳定。

所以，为了减少甚至是避免摄入环境噪声，最好不要使用摄像机内置麦克风收音，而应使用摄像机外接麦克风。要选用超心型指向麦克风做外接麦克风，并配合挑杆话筒架进行收声。在收声时，挑杆员应该尽量靠近被摄对象，将超心型指向麦克风的轴线对准被摄对象的嘴巴，同时避免自己入镜。

5.4.1.2　线路噪声

设备产生的线路噪声常常被莫名其妙地称为"电流声"，其实很多线路噪声和电流并没有关系，电流只不过充当了"背锅侠"而已。电流声的产生原因较为复杂，表现也不一样，但用"电流声"来描述有时就会出现问题，即对同一种声音的描述可能不同，比如将破音描述成杂音或刺耳的噪声等。事实上，剪辑师很难通过软件过滤掉电流声，即使处理了电流声，可能同时也糟蹋了人声。要解决电流声的问题，应尽可能通过对前期设备进行改造来实现，实在不行，再通过后期技术手段来实现，即在剪辑时对特定频率范围内的噪声进行过滤降噪。

把线路噪声笼统地称为"电流声"，会让人对设备和线路改造无从下手，因而必须对电流声加以区分，以便对症下药。最常见的电流声是"嗡嗡"声，这是设备或线路的滤波和屏蔽不良造成的，解决方法是改造设备外壳。通常情况下，金属壳的设备屏蔽功能比塑料壳的要好一些。还可以通过导线将设备外壳接地。此外，更换屏蔽性良好的线材，以及用均衡器切掉60Hz以下的音频，也可以达到滤除"嗡嗡"声的效果。"嗞嗞"的电流声通常是音频线屏蔽不良造成的，解决方法是更换成屏蔽性好的屏蔽双绞线。"哼哼"的电流声则是放大器附近的电磁泄漏造成的，比如周围有电源适配器、电源变压器、市电线路等，解决方法是让放大器远离电磁设备。"咝咝"的电流声比较麻烦，可能是设备元件的质量和性能的问题，也可能是不合理的线路设计、电路板布线、接地点位置等造成的，解决方法只能是通过后期软件降噪来改善，或者使用高端的拾音器。仅线路屏蔽不良就可能造成上述的一种噪声或几种噪声的混合声，所以解决线路噪声问题的根本方法是使用屏蔽性良好的屏蔽线。

另外，拍摄现场常见的两类设备也会产生线路噪声。一个是手机的干扰，比如在录音过程中麦克风附近有手机通话，尤其是手机拨号和开始振铃的瞬间，会对收音产生严重的干扰。解决方法是让手机远离录音器材。另一个是显示器干扰，这是由显示器工作时行电路和场电路向外辐射噪波造成的。解决方法是让话筒及话筒放大器远离显示器。但是，这并不能完全解决显示器干扰的问题，因为还会出现显示器行频串扰。显示器的行频信号可以直接通过显示器线缆到达显卡，显卡嵌在主板上，行频信号可能从主板串入声卡，一些抗干扰能力较差的声卡很容易产生这种问题。据调查，板载声卡不容易出现此类问题，因为它的主板和声卡是在一起的，设计者已解决了其互相干扰的问题。有时，在没有声音输入的情况下，拍摄现场的音箱也会发出"嗞嗞"的声音,那就要检查一下音箱电源线是否和其他设备,比如灯控台等,共用同一个插线板。灯光设备电机产生的电流串扰会通过电源线进入音箱,导致音箱发出噪声。

5.4.2 噪声的过滤

录制现场无法完全清除环境噪声和线路噪声,有时到后期剪辑时严重的噪声才被发现,可是为时已晚,只能通过后期的技术手段,尽可能地把噪声过滤掉。过滤噪声的前提是能够把有用的声音和无用的声音区分开,然后才能用滤波器将无用的声音过滤掉,或者对有用的声音进行音色修正。下面就来介绍人声降噪和音色修正是如何实现的。

5.4.2.1 人声频率

既然我们已经知道,一般人能听到的声音频率范围是 20Hz—20kHz,而人声频率范围只不过是其中的 1/20,那么只要将高于和低于人声频率范围的音频压缩过滤,就能得到相对干净的人声了。如果简单地将人声频率范围限定为 100Hz—1.1kHz，就会过于笼统，这样从滤波器出来的人声很容易变声，甚至会与原声的音色相去甚远。因此，很有必要对人声进行细分，不仅要区分男声和女声，也要区分儿童的声音和成人的声音，还要区分低音、中音和高音。

变声期之前的儿童嗓音称童声。男孩和女孩嗓音的音色都与女声很接近，像女高音，但是比女高音更浑厚些。所以童声不分男童声和女童声，只分童高音和童低音。童声的低音频率范围为 196Hz—700Hz，高音频率范围为 260Hz—880Hz。儿童在 10 岁以后，就逐渐进入青春期，他们的喉头和声带也会发生变化，所有孩子的音质都将改变，只是女孩的声音变化没有男孩明显而已。当声音完全成熟时，青春期就结束了。女孩进入青春期会比男孩平均早 2.5 年，因此女孩也比男孩更早出现成人化的声音。

成人的声音分为男声和女声。男声的基准音区在 64Hz—523Hz。在男声音区，男低音的频率范围是 82Hz—392Hz，男中音的频率范围是 123Hz—493Hz，男高音的频率范围是 164Hz—698Hz。女声的基准音区在 160Hz—1.1kHz。在中低音音区，女声与男声的频率范围并没有显著差异。女声与男声的差异主要在高音区域，女高音的频率范围是220Hz—1.1kHz，跨度非常大。这里主要是指对白、旁白、解说的声音状态，演唱的音域范围还要更大些。提升150Hz—600Hz的频率范围，会让男声力度感增强，其声感的响度也会增强。提升1.6kHz—3.6kHz的频率范围，会提升歌唱时的女声音色的明亮度，使之鲜明、通透。

5.4.2.2 人声降噪

知道人声的频率范围后，就有了消除噪声的依据。人声降噪的技术分两种：一种是允许一定频率范围内的声音信号通过滤波器；另一种是阻止一定频率范围内的声音信号通过滤波器。这两种滤波器遵循的其实是一对相反的运算逻辑，可采用其中的任意一种，就能满足滤波的需求。声音滤波器按所通过信号的频段，可划分为低通滤波器、高通滤波器、带通滤波器和带阻滤波器四种。我们分别以高通滤波器、低通滤波器和带通滤波器为例，介绍一下怎样利用声音滤波器对人声进行降噪。

高通滤波器（High Pass Filter，HPF）的工作方式

是让高于规定频率的声音信号通过滤波器，低于规定频率的声音信号则会被滤掉。比如，我们可以用高通滤波器滤除主频率低于200Hz的低频噪声。低通滤波器（Low Pass Filter，LPF）的工作方式是让低于规定频率的声音信号通过滤波器，高于规定频率的声音信号则会被滤掉。比如，我们可以用低通滤波器滤除主频率高于800Hz的高频噪声。带通滤波器（Band Pass Filter，BPF）有一个上限频率和一个下限频率，它的工作方式是让高于上限频率的声音信号和低于下限频率的声音信号都被滤掉，只允许上限频率和下限频率之间频率的声音信号通过滤波器。如果只想留下人声，就可以使用带通滤波器，设置其上限为1.1kHz，下限为100Hz，这样高频噪声和低频噪声大部分都会被过滤掉。简而言之，如果想滤除低音，保留中高音，就用高通滤波器；如果想滤除中高音，保留低音，就用低通滤波器；如果想滤除过低的低音和过高的高音，只保留中音，就用带通滤波器。在非线编辑软件的音频特效里，都能找到上述三种音频滤波器对应的插件，有的一看插件名称就能知道其功能，有的则需要设置插件的选项和参数才能实现其效果。带阻滤波器与带通滤波器作用的频率范围相反，这里不再赘述。

5.4.2.3 音色修正

被滤波器过滤后声音的音色会发生一些变化，毕竟丢失了一些有用的声音信息。不过，我们可以通过对特定频率进行音色修正，还原一些因人声降噪而丢失的音色。

先来看高频段对音色效果的影响。2kHz—3kHz 是对声音亮度影响最为敏感的频段。如果这一频段的幅度不足，音色就会变得朦朦胧胧；如果这一频段的成分过强，音色就会显得呆板、发硬和不自然。1kHz—2kHz 的频段会显著影响声音的通透感。如果这一频段不足，音色就会变得松散且脱节；如果这一频段过强，音色就会有跳跃感。

再来看低频段对音色效果的影响。150Hz—300Hz 的频段会影响声音的力度，尤其是男声。这一频段是男声的低频基音频率，同时也是乐音中和弦的根音频率。如果这一频段的成分不足，音色就会显得发软、发飘，人声则会变得软绵绵的；如果这一频段的成分过强，人声就会变得生硬而不自然，没有特色。

100Hz—150Hz 的频段会影响音色的丰满度，它能产生一种共鸣的空间感和浑厚感。如果这一频段成分不足，音色就会变得单薄、苍白；如果这一频段成分过强，音色就会显得浑浊，人声的清晰度也会变差。60Hz—100Hz 的频段是低音的基音区，会影响声音的浑厚感。如果这一频段成分不足，音色就会变得无力；如果这一频段成分过强，音色就会产生低频共振声，有轰鸣声的感觉。20Hz—60Hz 的频段会影响音色的空间感，是房间或厅堂的频率，也是大多数乐音的基音区。如果这一频段表现得充分，会使人产生一种置身于大厅之中的感觉；如果这一频段表现得不足，音色就会变得空虚；如果这一频段表现得过强，就会产生一种"嗡嗡"的共振的声音，严重地影响人声的清晰度和辨识度。

最后来看中频段对音色效果的影响。500Hz—1000Hz 的频段是人声的基音频率区域，这一频段非常重要。如果这一频段丰满，人声就会轮廓明朗，整体感好；如果这一频段幅度不足，语音就会产生一种收缩感；如果这一频段过强，语音就会产生一种前凸的感觉，仿佛提前进入人耳。这个频段中包括 800Hz，对人声音色的力度感影响十分明显，音响师称之为"危险频率"。如果这一频段不足，音色就会显得松弛；如果这一频段过多，就会产生喉音感。喉音成分过多，人声就会失去个性和音色的美感，这是音响师无法接受的。300Hz—500Hz 的频段是语音的主要频率音区，当其幅度丰满时，人声就有力度。如果这一频段幅度不足，声音就会显得空洞而不坚实；如果这一频段幅度过强，音色就会变得单调，相对来说，因为它同时挤压了低频成分和高频成分，所以人声就会变成电话中的声音那样，音色单调。

　　了解了音频各频段对音色效果的影响，我们就可以针对音色的不足，对相应的频段进行调整。音色不仅能够表现人物的性格特点，也能反映人物的年龄，以及人物说话时的意境。因此，在人声降噪以后，有必要对音色进行调整，这对还原声音的真实性非常有效。

第 6 篇　字幕

影视片是关于视听语言的艺术，视听语言是来自视觉和听觉两个感官系统的表达和传播，而字幕是"读"的艺术，属于文字的范畴，并不是影视片必不可少的组成部分。字幕成为影视片的一部分，并非基于视音频技术的内在需求。早期的电影中就很少出现字幕，即便在默片时代，字幕也只用于分隔段落或者介绍剧情，很少用于对白。毕竟当时文盲率比较高，也没有形成全球统一的电影发行市场。现在，影视片要加字幕基本成了约定俗成的行业规则。影视片带字幕，方便了管理部门的审查，方便了听力障碍人士的观看，方便了发行方跨语言的传播，方便了观众在某些场合下静音看片和快进预览。总之，影视片加字幕有其内在的需求和动力。现在，字幕被赋予了更多的意义，不仅是对影视片的提示和说明，也是影视片风格样式的具体体现，实际上还是一部影视片的招牌和门面。

6.1 字幕样式

在明确了字幕存在的必要性之后,下面讨论字幕的分类和样式。按与画面的关系,字幕分为硬字幕和软字幕;按出现的形式,字幕分为静态字幕和滚动字幕;按排列方向,字幕分为竖排字幕和横排字幕;按出现先后顺序,字幕分为片头字幕、对白字幕、片尾字幕和说明性字幕。关于字幕类别区分以及字幕样式应用的问题,下面就详细地介绍一下。

6.1.1 硬字幕和软字幕

按字幕与画面的关系,字幕分为硬字幕和软字幕两种类型。硬字幕也称"内嵌字幕",是指将字幕文件和视频流压制在同一组数据里,使之像水印一样,无法分离。硬字幕的优点是兼容性好,没有对播放器字幕插件的要求。硬字幕也有缺点,比如修正难度大,一旦出错,必须重新制作整个视频文件,而且无法与画面分离,因此限制了用户对字体风格的个人选择。

软字幕也称"外挂字幕",也就是字幕文件与视频文件是分离的。软字幕的字幕文件可以单独保存为.ASS、.SRT、.SUB等格式,只须与视频文件放在同一个文件夹下,且二者文件名相同,播放器就会自动识别并调用字幕文件,与视频文件一起播放。还可以将软字幕用.MKV格式的文件打包,进行封装。软字幕的优点是便于修正,可以随意修改字体风格,可以随意控制字幕的显示或者隐藏。软字幕的缺点主要是需要字幕插件支持,软字幕的格式标准并不统一,可能会出现字幕文件与字幕插件之间的兼容性问题。

对软字幕的格式并没有统一的标准,字幕显示的位置各不相同,字体、字形、字号和颜色更是五花八门。要约束软字幕的形式,要么是在字幕文件里定义,要么是用播放器的字幕插件来定义,这些都不属于影视剪辑研究的范畴。下面只针对嵌入画面的硬字幕进行讨论。

6.1.2 静态字幕和动态字幕

按字幕出现的形式,字幕分为静态字幕和动态字幕两种类型。字幕出现后的位置固定,字幕本身不再移动,叫静态字幕。动态字幕则是本身可以移动的字幕。动态字幕又分为游动字幕和滚动字幕两种类型。

　　游动字幕是指在屏幕中进行水平移动的动态字幕,分为从左向右游动和从右向左游动两种。游动字幕常出现在电视节目中,多用于飞播信息。由于现代中文的阅读习惯是从左向右读,因此游动字幕大多数都是从右向左游动的样式,先出来的字先被读到,特别是一屏显示不完的字幕,更应该如此。如果字幕字数很少,一眼就能看完,或者是电视节目的标识,则不受游动方向的限制。

　　滚动字幕是指字幕在屏幕中从下向上运动,或者从上向下运动的动态字幕。现代中文的阅读习惯是从上向下读,所以滚动字幕大多数都会做成从屏幕下方逐渐向屏幕上方移动的样式。滚动字幕在电影和电视节目中都很常见,用得最多的地方就是片尾的演职员表。

6.1.3　竖排字幕和横排字幕

　　按字幕排列方向,字幕分为竖排字幕和横排字幕两种类型。竖排字幕通常用作无声字幕,就是给画面中

第6篇
字幕

无法用语言表达清楚的内容做文字提示，常出现在画面的右侧，作用相当于注释。竖排字幕的内容主要是提示影视片中出现的人物、时间、地名和片名等说明性文字。人物字幕中在人名之前，可能还有此人的身份信息，比如职务、头衔、所属单位等。地名如果是小地方，字幕中还可以包括其上一级行政区划，或者此地与公众熟知地名的隶属关系等信息。片名字幕中可能有更为精确的集数，比如第几季、第几集。总之，竖排字幕用于呈现在影像里没有对应的台词或者解说词，但又必须跟观众交代清楚的信息内容。

现代中文的阅读方式是从左到右，从上到下，所以横排字幕更符合观众的日常阅读习惯，是呈现对白、旁白、解说词等有声字幕的基本形态。横排字幕又分为单行字幕、双行字幕和下三分之一字幕。与竖排字幕的角色不同，横排字幕是有声字幕，是人声的文字表达，有声即有字，声音结束，字幕消失，就像MTV中歌词的出现和消失那样，所以有声字幕也叫唱词字幕。影视片中出现角色的对白和内心独白，以及画外音的旁白和解说这些人声字幕，都属于唱词字幕。唱词字幕都是横排字幕，基本样式是单行字幕，当双语同时出现时，就成了双行字幕。对于展现两人或多人同时对话的对白字幕，也应该采用双行字幕的表现方式。

下三分之一字幕最早是苹果公司为其非线编辑软件 Final Cut Pro 设计的一种字幕样式，放置在画面下方三分之一处，用来标识片段中的人物、地点和事件。下三分之一字幕是带有动画效果的字幕，包括图标和字幕动画。字幕通常为两行到三行，包括事件名称、唱词字幕和制作机构等信息。它带有复杂的动画效果，用常规的非线编辑软件无法制作出来，要借助 Adobe After Effects（AE）或者 Apple Motion 等特效制作软件来实现。

6.1.4 字幕的顺序

按字幕在影视片中出现的先后顺序，字幕分为片头字幕、对白字幕、片尾字幕和说明性字幕四种类型。片头字幕是指出现在影视片开始的位置，用于介绍片名、出品方、主创人员以及说明故事背景等文字。对白字幕即唱词字幕，包括影片中出现的人物对话和旁白，以及解说词等对应的文字。片尾字幕是指影片片尾出现的演职人员、相关机构以及相关内容等文字。说明性字幕是指影片中出现的地名、时间、人物以及故事的后续和补充等文字。其实，说明性字幕在影片中的位置并不固定，该出现的时候出现，也可能从头到尾都没有。

6.2 字幕位置规范

尽管现在越来越多的影视片都配有字幕，但字幕不规范的问题还是比较普遍的，"野生字幕"泛滥的问题也不容回避。"野生字幕"泛滥的原因很多。首先，很多初学者连"字幕安全"的概念都没有，更不可能做出规范的字幕。为了便于查看画面，很多非线编辑软件是默认不打开字幕安全框的，这导致一些初学者容易忽略安全框的存在，制作的字幕像"弹幕"一样满屏飞。其次，由于专业的监视器价格相对于电脑显示器而言还是比较高的，因此除非专业视频制作部门，一般很少会配备专业的监视器。一些人误以为，电脑显示器上呈现的画面就是最终输出的效果。其实，很多电脑显示器的宽高比都不是 16∶9 的。比如，苹果的电脑显示器就是 16∶10，它呈现的画面效果与高清视频格式要求的16：9有一定出入，更何况重新编码和设备边框都可能造成画幅被裁减，字幕可能就跑到边上甚至被部分裁掉了。最后，一些剪辑师受到外挂软字幕不良示范的影响，对字幕规范的认识不够，制作字幕比较随意。软字幕的位置、字体和字号不受视频控制，而是由播放器的字幕插件和外挂字幕文件共同定义的。仅外挂字幕的文件格式就有十几种，且各自定义，互不兼容，造成显示混乱也不足为奇。在有些片子中，字幕虽然是硬字幕，但不是原生的，而是在转码时通过外挂字幕嵌入的，所以硬字幕也不一定就规范。鉴于上述原因，确实很有必要强调一下字幕的规范，首要的就是字幕位置规范。

6.2.1　字幕安全框

什么是安全框？无论是传统的显像管电视机，还是现在的LED平板电视机，我们所看到的画面，都是被遮盖了一部分的裁剪画面。画面被裁剪掉的部分可能是被机器外壳遮盖了，也可能是在编解码时丢失了。所以，视频剪辑要有安全框，这个安全框有两层边框，叫双安全框。

如图 6-1 所示,双安全框外侧的白色矩形框叫"画面安全框"。画面如果超过这个边框,在压制成其他格式时,可能显示不出来,在设备上播放时,也可能会被裁剪掉。内侧的白色矩形框叫"字幕安全框"。画面被裁剪是难免的,对观赏的影响不大,可字幕一旦被裁剪,问题就大了。因而字幕应该在字幕安全框内,如果超过这个框,字幕就可能到了屏幕的边上,既不美观,也不方便阅读。

在剪辑时,一定要养成良好的工作习惯,尽量开启安全框,做到字幕、挂角不出内框,重要的图像信息不

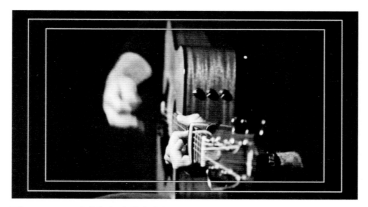

图 6-1　画面安全框与字幕安全框

出外框。视频软件之所以如此设置，是因为要适用于各种媒体平台，包括电脑、电视、DVD等，而不同设备显示的像素比例略有不同，为了保证在各种媒体平台播放的安全性，必须加以限制。在剪辑时，安全框只用于提示位置，并不会随着视频一起输出到最终的画面上。

6.2.2 安全框范围

安全框就是两层边框，它的范围标准到底是什么？对于帧尺寸不同的视频，如标清、高清、2K 和 UHD，其范围标准是否相同？我们讨论安全框的存在，是因为视频画幅会被裁减，但无论是重新编码造成的画幅裁减，还是设备边框覆盖造成的画幅裁减，都不应该因为画幅大就裁掉更多。

对于标清视频而言，无论是 PAL 制式，还是 NTSC 制式，安全框的标准都是统一的。画面安全框的范围占画幅的 90%，字幕安全框的范围占画幅的 80%。也就是说，要在画面安全框的上下左右各留出画幅的 5%，在字幕安全框的上下左右各留出画幅的 10%，如图 6-2 中上图所示。

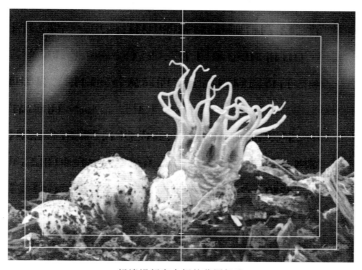
标清视频安全框的范围标准

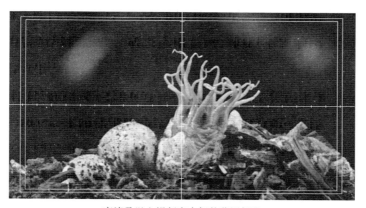
高清及以上视频安全框的范围标准

图 6-2　不同标准下安全框的范围标准比较

对于高清、2K 和 UHD 及以上的画幅，安全框的范围标准比较复杂。帧尺寸的不同，宽高比的不同，电影或电视，都会影响安全框的位置。即便是在同一个标准体系中，也会出现前后不一致。比如，欧盟 EBU 组织的 R95-2008 标准规定，字幕安全框的范围是每个边向内缩进 10%，而 R95-R1（2016）更新的范围是缩进 5%。目前，美国 SMPTE 组织的 ST-2046-1 标准和欧盟 EBU 组织的 R95-R1（2016）标准都规定，画面安全框的范围为画幅的 93%，字幕安全框的范围为画幅的 90%，如图 6-2 中下图所示。英国的 DPP 组织的 DPPUK 标准只规定，字幕安全框的范围为宽度和高度的 90%。上述国际组织对字幕安全框的范围规定是一致的，均是画幅的宽度和高度的 90%，也就是要求画面上下左右各留出画幅的 5%，字幕位置在此范围之内均是规范的。

电影的字幕安全框有其特殊性。首先，电影没有画面安全框，并不像电视那样需要预留台标或节目标识的位置。其次，电影画面的画幅和宽高比并不固定，不像电视的宽高比只有 16∶9 或 4∶3 两种选择。电影的画幅可以是 4K、2K、HD 等多种规格，其有效宽高比又有 1.78∶1、1.85∶1、1.896∶1、2.35∶1、2.39∶1 等多种比例。最后，非影院放映影片中还会存在遮幅，为了不破坏画面的艺术性，字幕会被放在有效画面以下的遮幅里。

对于没有遮幅的影片，SMPTE组织和EBU组织规定的字幕安全框的范围是一致的，即不超出影片有效画面水平及垂直方向各90%的长度所包围区域。如图6-3中上图所示，ABCD包围的矩形区域为推荐的2K图像结构。其特点是，有效画面为2048:1080像素，画幅宽高比为1.896:1。为了便于整数坐标值与实际像素分布重合，有效画面中心向左或向右沿水平方向偏离半个像素，为原点O(0,0)。那么ABCD各点的坐标分别为：A(−922,−486)，B(922,−486)，C(922,486)和D(−922,486)。ABCD所围成的区域就是字幕安全框的范围。片头和片尾的字幕只要在ABCD围成的区域范围内即可，如图6-3中上图所示。在图6-3的下图中，CDEF各点的坐标值分别为：C(922,486)，D(−922,486)，E(−922,378)和F(922,378)。对白字幕区域CDEF的下边界与片头片尾字幕区域ABCD的下边界完全重合，其上边界位于画面下边界垂直方向向上10%的位置。对白字幕区域的左右仍然要留出5%的安全范围。

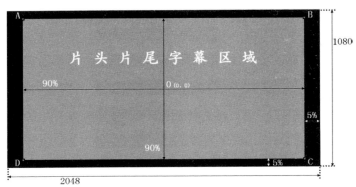

2K 图像结构中片头片尾字幕区域示例

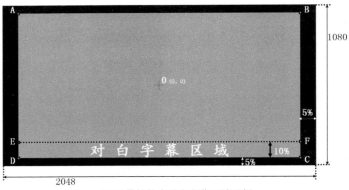

2K 图像结构中对白字幕区域示例

图 6-3 2K 电影的字幕安全框的范围示例

对于有效画面画幅比为 2.35∶1 和 2.39∶1 的 4K（4096∶2160）、2K（2048∶1080）和 HD（1920∶1080）非影院放映的影片，如果对白字幕在有效画面以下，则对白字幕矩形区域的上边界与有效画面的下边界完全重合，水平方向长度为有效画面长度的 90%，对白字幕矩形区域的垂直高度为垂直方向有效画面高度的 10%，见图 6-4 中 CDEF 围成的矩形区域。此时，CDEF 各点的坐标值分别为：C（922, 436），D（−922, 436），E（−922, 524）和 F（922, 524）。

上述字幕区域点坐标是根据 2K 图像计算得来的，对于帧尺寸为 4K 及以上的影片，字幕区域点坐标参照 2K 图像结构，进行等比例缩放即可。

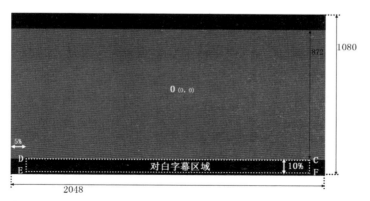

图 6-4　2K 遮幅电影的对白字幕区域的范围示例

6.3 字幕格式规范

前文明确了字幕位置规范,接下来讨论一下字幕格式规范,也就是字幕字体、尺寸、颜色和对齐方式的规范要求。

6.3.1 字幕字体

不能随意选择字幕的字体。一些格式的视频带有交错场,比如 HD1080i 和 1080P 两种视频格式,尽管它们的画幅相同,但它们的场是不同的。1080i 格式的视频带有交错场,图像分为奇数场和偶数场,一帧要经过两次扫描,才能完成图像传输。在我国,高清电视制作和播出的标准采用的是隔行扫描的 1080/50i 视频格式,这样可以降低视频图像对传输带宽的要求。视频格式中有 i 帧的,就是隔行扫描,视频带有交错场。交错场削弱了画面的横向线条的表现能力,只能达到原来的一半效果。因此,在选择字幕字体时,尤其要观察字体横向笔画的粗细是否适合带有交错场的画面呈现。

早期 Windows 操作系统默认的中文字体是宋体。

宋体是一种非书法字体，是在宋朝时为了方便雕版印刷而创造出来的一种字体。雕版就是用刀在木板上雕刻反写的汉字。木头是有年轮的，纵向顺着年轮雕刻比较轻松，横向跨着年轮雕刻比较困难，所以宋体纵向的笔画比较粗壮，横向的笔画十分纤细。在宋体字横的末端，会多刻一个三角形，叫作衬角，以此来增强横的辨识度。明朝时，宋朝的刻本被大量翻刻，流传到海外，因此宋体在海外还有一个名字，叫"明朝体"或"明体"。如果使用宋体字制作字幕，由于宋体横向笔画比较纤细，因此与交错场重合后，就会变得十分不利于观众阅读。比宋体笔画更为纤细的仿宋，同样也不适合制作字幕。在制作字幕时，画面是静态的，是没有交错场的；在输出成视频影像后，就是动态的，有交错场的；况且观众离屏幕那么远，不可能像在电脑显示器或者监视器上看到的那样清晰。因此，在制作字幕时，应该选笔画比较粗重、横向和纵向笔画没有显著差异的字体。外文字幕的字体选择也应参照这个标准。

　　字幕的首选字体当然是黑体，因为黑体的横竖撇捺粗细都一样，它也是常用的印刷字体，便于识别。如果需要同时使用两种字体，为了便于区分，除了黑体，可考虑用楷体、综艺体等字体进行点缀，但不宜大量用在唱词字幕上。作为行业标准，《电影送审数字母版字幕技术要求》（GY/T288-2014）是允许电影片头字幕中出现宋体的。虽然电影中不存在交错场的问题，对电影中宋体的使用要求也比较宽泛，但现在影院播放已经不是电影放映的唯一形式了，还可以把电影转码后投放到各类平台播放，此时交错场的问题就回来了。所以，我们还是不推荐使用宋体制作字幕。

具体而言，对于片头字幕中的影片片名，中文和英文字幕可以适度创作，不限制字体、字号和字形，但须易于辨认和理解。除影片片名及片头外，中文字幕字体宜为黑体或楷体。对于片中的对白、旁白、解说词等字幕，字体宜为黑体或楷体，以及与之近似的字体。除唱词字幕外，不要使用斜体。片尾滚动字幕应为简体中文，其字体宜为黑体或楷体，以及与之近似的字体。

6.3.2 字幕字号

2K 或 HD 影片的静态片名应不小于 40 像素，动态片名中英文字幕的垂直高度应该以一般观众易于看清为准。

4K影视片的片名字幕,参照2K字幕尺寸等比例缩放。

对于一般高清电视节目中的解说词或唱词字幕,标准的字号大小为40—54像素。对于4K、2K和HD分辨率的影片,对白或解说词的字幕高度应该为有效画面垂直高度的5%,容差为±1%。

片尾滚动字幕以不闪烁为宜。对于2K画幅的影片,每行滚动字幕的垂直高度应该在40—54像素。对于4K画幅的影片,每行滚动字幕的垂直高度应该在86—108像素。

6.3.3 字幕颜色

对于片名字幕、片头字幕和片尾滚动字幕,可根据影片内容及风格需要,适当选用彩色,但以不影响画面观看效果为宜。

对白及解说词字幕的颜色应该为白色,容差范围为90%—100%。白色是明度最高的颜色,字幕颜色选择白色,主要是为了与背景画面区分,易于文字辨识。

如果背景画面明度较高,接近白色,就可以给字幕勾1个到2个像素的黑边,让字幕从背景画面中凸显出来,便于观众阅读。经验表明,加黑边的字幕会显得比较

"跳"，比较刺眼。况且，在我们的文化习俗中，给人的名字加黑边或者黑框，往往意味着悼念。所以，不建议给字幕勾很重的黑边。如果担心字幕与背景画面糊在一起，必须勾边，可以使用中灰色或者重灰色，降低边框的明度，这样画面整体也会比较和谐。灰色是万能色，与背景画面既能区分，又能很好地融合，不跳跃，也不突兀。如果使用灰色勾边，勾边数值可以比黑边大1个到2个像素。

6.3.4 字幕排列

对白字幕应该在对白字幕区域内，以居中方式排列，且保持字体、字号和颜色的统一。对于两人或多人同时对话的对白字幕，宜采用上下两行的表现方式。如果采用下三分之一字幕的形式，当字幕是双行或多行时，对白字幕也应该与其他字幕的对齐方式保持一致。

片尾滚动字幕也有一定的排版标准，通常以中间空格为中线，向两边衍生排列。单名的人名也要与双名的人名对齐，中间用空格来补位，如图 6-5 中上图所示。在中英文对照的滚动字幕中，中文人名的单名中间不用空格补齐，因为英文人名也对不齐，如图 6-5 中下图所示。

第6篇 字幕

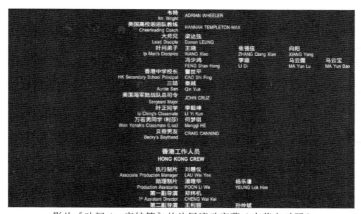

影片《让子弹飞》的片尾滚动字幕（中文）

影片《叶问4：完结篇》的片尾滚动字幕（中英文对照）

图6-5 片尾滚动字幕的对齐方式

6.4　字幕内容规范

在字幕中，是否要加标点符号？怎样表示数学公式、化学分子式以及度量衡单位？是按照语音配，还是按照文字稿配？相信很多初学者都会有这样的疑问。下面就来介绍一下字幕的内容规范。

6.4.1　标点符号

字幕就是指人物对白或者解说词的文字提示，或画面无法表达的补充信息，特别是在影片语言为外语、民族语言或者方言的情况下，为便于观众理解所做的文字提示。字幕不是文章，画面中没有上下文关系，因此不需要用标点符号进行区隔，或表达思想情感，原则上字幕中没有标点符号。

常用的标点符号，如句号、问号、叹号、逗号、顿号、分号和冒号等，在字幕中一律省略不用。在字幕中，尽量不用表示停顿和语气的标点符号，如果需要停顿，可以用空格代替。但一些情况下需要加标点符号，否则可能造成理解上的歧义或偏差。书名号以及书名中的标点、人名中的间隔号、连接号和具有特殊含义的词语的引号,可以出现在字幕中。比如,有的特定称谓需要加双引号,表示"所谓的""伪的",这时双引号是需要保留的。另外,字幕中所有标点均要使用全角格式。

在字幕中,可以去掉多余的语气词、口头禅、错话、复句等零碎语句;也可以修正口语中漏掉的关键字词,修正不太严重的口误,修正不便修改的发音;等等。在修正的字幕中,直接使用正确的字词,并用括号括起来,表明是纠正的唱词;对于发音不对的对白,只要唱词正确即可。

6.4.2 公式与度量衡单位

在解说词与字幕中,必须统一度量衡的读法和写法,不能使用英文字母。化学元素均要使用汉字表示,不能使用英语缩略词或者分子式。比如,字幕中的二氧化碳,不用"CO_2"。字幕中的数学公式、化学分子式、物理量和单位,要尽量以文本呈现,对于不宜以文本呈现的,且已经在视频画面中通过 PPT 或板书等方式显示清楚的内容，可以不加字幕。

在字幕中，度量衡单位使用应遵守如下规范：

（1）长度单位：以千米、米、厘米、毫米等标出；

（2）面积单位：以公顷、亩、平方米等标出；

（3）重量单位：以吨、千克、克等标出；

（4）体积单位：以立方米、升、毫升等标出；

（5）温度单位：以℃标出（读作"××摄氏度"）；

（6）速度单位：以千米/小时、米/小时、米/秒等标出（读作"××千米每小时""××米每小时""××米每秒"）。

以上单位前的所有数字均应以阿拉伯数字标出。

6.5　字幕的长度和速度

字幕是文字，看字幕也是在阅读，但不是读书。在读书时，你可以自己决定阅读的速度，而影视片中字幕出现时间的长短是剪辑师规定好了的，不会因观众的阅读能力、阅读速度而改变。剪辑师并不知道谁是观众，关于观众的特点，他全凭猜测。所以，字幕的长度以及滚动字幕的速度设置,也是学问。

6.5.1 字幕长度

重申一下,字幕不是文章,不是单句或者句群,不以意思表达完整为目标,而是以方便观众辨识和理解为目的。人物对白或者解说词的字幕长度,应以字幕安全框的宽度为限。长了,观众一眼看不过来。对于长的句子,字幕可以分屏显示,但不能折行。双行字幕与字幕折行是两回事。

字幕的字数也有限制。看字幕与读书不同。读书可快可慢,速度由自己控制。而字幕出现与消失的时间由剪辑师决定,他留多长时间,字幕就出现多久,不因观众的阅读能力而变化。而且,观众在读字幕时,会受画面的干扰,还会为情节分心,因此其阅读速度也会打折。总的原则是,一条字幕的字数宜少不宜多,一般要控制在14—15字,具体字数还会根据字号来调整。

在字幕中,断句不是简单地按照字数,而是以内容为依据。如果一句话的字数较多,可以分屏显示,断句的位置可以在人说话的气口上，也就是在语气的停顿处；要保证每屏的意思完整清楚；不能把一个词拆开分两屏来显示。在为外语配中文字幕时，要根据表达的意思断句，每屏的意思可以相对独立。

6.5.2 字幕速度

对白字幕的时间轴应该力求精准，尽量使每一句对白字幕出现的时间与人物开始说话的时间正好重合。即使字幕是从外文翻译过来的，如果发现有时间轴不准的地方，也应该及时修正。画面下沿的唱词字幕应停留足够长的时间再消失，以便观众阅读和获取信息。非对白字幕停留的时间长度应与一行字幕重复读三遍的时间相等，大多数字幕显示的时间为 3—10 秒。对白字幕的间隔应该参考画面内容，一般两句对白字幕之间应该至少留 2 帧时间的间隔。

滚动字幕的速度应该以字幕不闪烁为基本标准。对于 2K 和 HD 画幅的影片，当字幕的垂直高度为 40 像素时，滚动速度应该不大于 110 像素/秒；当字幕的垂直高度为 54 像素时，滚动速度应该不大于 130 像素/

秒。对于 4K 画幅的影片，当字幕的垂直高度为 86 像素时，滚动速度应该不大于 190 像素 / 秒；当字幕的垂直高度为 108 像素时，滚动速度应该不大于 220 像素 / 秒。对于其他画幅的影片，其片尾滚动字幕须在不闪烁的基础上，参照上述情况执行。